우리말 금강경

금강반야바라밀경

金剛般若波羅密經

지은이 천명일

경북 문경에서 태어나 산성 할아버지로 잘 알려진 설원 선생은 한학자로, 불교경전 연구가로, 또 고대전통침구학자로 많은 활동을 하고 있다.

부산 說圓, 불교대학, 부산 국군통합병원 등에서 강의하였고, 부산 불교경전연구원 장을 역임하였다.

최근 T-broad 케이블 TV에서 〈산성 할아버지의 신사고 한문이야기〉의 방송 강연을 통해 한문을 보는 새로운 지견을 제시하여 방송가의 화제가 되기도 하였다.

월드이벤트와 새로넷에서 〈산성 할아버지의 우리 민속 이야기〉, 〈도덕경 노자의 길〉을 주제로 방송 출연하였으며, 하우교육방송에서 〈산성 할아버지의 신사고 한문이야기〉를 재방영하였고, 〈산성 할아버지의 사람이야기〉를 방영하였다.

또한 설원 선생은 우리나라 고대 전통침구학의 최고 전문가로서 연구 저서인『신침입문』은 심령의학적인 측면에서 혈명 명해론을 근간으로 침구학뿐만 아니라 의학계에 새로운 지평을 열었다는 평가를 받고 있으며, 대학에서 침구학을 공부하는 후학들에게 침술의학의 새로운 이정표가 되고 있다.

저서로『산성 할아버지의 이야기 천자문』『수능엄경(상중하)』『천수경』『원각경』『무량의경』『漢文을 바로알자』『배꼽밑에 지혜의 등불을 밝혀라』『일체유심조』『마음이나 알자』『가지산 이야기』『산성 할아버지의 뿌리 이야기』『절로가는 길』『소망의 한문이야기』등이 있다.

연락처 : 010-4857-5275
유튜브 : 설원 천명일

우리말 금강경

金剛般若波羅密經
금강반야바라밀경

천명일 해설

지혜의나무

목차

금강반야바라밀경(한글)

금강반야바라밀경(한문)

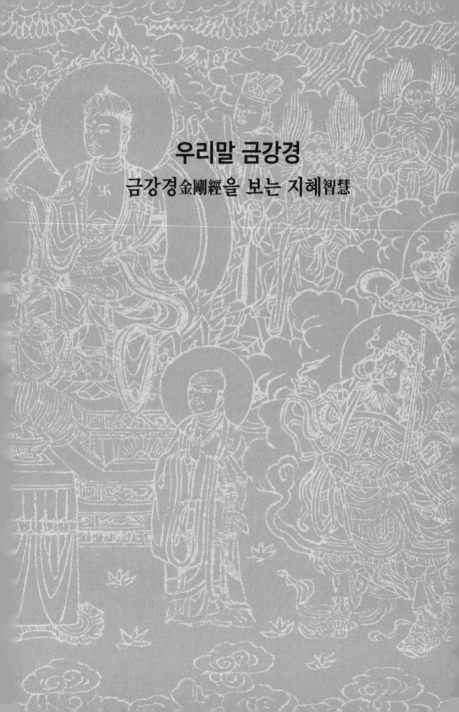

우리말 금강경

금강경金剛經을 보는 지혜智慧

서문
序文

산하대지山河大地에는 도선국사道詵國師가 있고, 바다에는 항해사航海士가 있고, 하늘에는 항공법사航空法士가 있고 '불법佛法'에는 논사論師가 있습니다.

지금 여기 이 논사論師 설당設堂이 말하는 동산 설원說園에서 『금강경金剛經』을 우리말로 쉽게 이해되도록 무량한 의미와 무량한 철리를 소설로 풀어 놓는 '금강경金剛經' 이야기를 하려고 합니다.

누가 뭐래도 말과 글이란 누구나 편하게 읽

고 수월하게 이해되도록 해야 합니다.

　필자는 일단 『금강경金剛經』을 쉬운 우리말로 전체적인 내용을 간명하게 이렇게 소개합니다.

　한때에 세존께서는 많은 대중들과 함께 설산으로 가시면서 몸으로는 조용히 걷고 입으로는 법문을 하셨습니다.

　세존께서 온몸으로 행하시는 일체의 행위가 모두 적멸보궁寂滅寶宮이 되고 있음을 사리불은 세존의 등 뒤에서 '지혜안智慧眼'으로 잘 보았습니다.

　세존께서 발을 한 번 들고 손을 한 번 움직이시는 일체의 행위가 모두 우주적인 적멸보궁이 되고 있음을 보았던 것입니다.

　사리불은 세존의 동중정動中靜과 정중동靜中動인 일체의 행위가 모두 '여래밀인如來密印'인 '적멸보궁寂滅寶宮'이 되고 있음을 보고는 너무나 신통하고 놀라워하면서 감탄의 탄사를 올렸습니다.

"세존이시여, 세존께서는 지금 몸으로는 걸으시고 입으로는 법문을 하십니다.

그러나 몸과 마음은 조금도 움직임이 없는 '여래밀인如來密印'인 '적멸보궁寂滅寶宮'이십니다."

그러자 세존께서는 뒤따르던 사리불을 돌아보시며 말씀하셨습니다.

"사리자여, 그대가 이제 나를 잘 보았구나. 그러고 보니 그대와 약속한 시간이 다 되었구나."

그리고는 자리를 펴고 앉으실 때에 결가부좌가 아닌 오른발의 발바닥을 위로 하시고, 위로 한 그 발바닥으로부터 대광명을 놓으시고는 장장 21년 동안 반야 육백 부를 다 설하시게 되었던 것입니다.

이렇게 '지혜제일智慧第一'의 사리불은 '여래밀인如來密印'이신 '동중정動中靜'을 지혜의 눈으로 잘 보았던 것입니다.

또 한편으로 저 '해공제일解空第一'의 수보리는 세존과 함께 걸식을 해서 식사를 다 마친 뒤에 세존께서 발을 씻고 자리를 펴고 편안히 부동하고 앉아서 입정을 하시자, 그때 수보리는 세존께서 조용히 앉아 계시면서도 시방세계 일체중생들을 두루 다 보살피시고, 또한 일체 보살들에게는 '묘각妙覺의 빛 각성覺性'에 들도록 잘 지도해 주시는 정중동靜中動의 지묘한 정황을 잘 보았습니다.

참으로 불가사의한 '정중동靜中動'의 '여래밀인如來密印'을 보았던 것입니다.

수보리는 너무나 놀라워서 세존께 큰절을 올리면서 여쭈었습니다.

"세존이시여, 세존께서는 지금 입정을 하시고 계십니다. 그런데 침묵의 적정에 안주하고 계시면서도 어떻게 시방세계의 일체중생을 두루 다 보살피시고, 또 일체 보살들에게는 '묘각의 빛 각성'에 들도록 잘 인도를 해 주실 수가 있습니까?"

수보리는 '여래밀인如來密印'인 '정중동靜中動'을 해안解眼으로 잘 보았던 것입니다.

세존은 수보리가 '여래밀인如來密印'인 정중동靜中動을 본 감탄사에 깜짝 반기시며 이렇게 대답을 하셨습니다.

"수보리자야, 그대가 나를 이제 잘 보았구나. 그렇고 그렇다. 여래는 부동하고 앉아 계시면서도 시방세계의 일체중생들을 잘 보호해 주고 보살들에게는 묘각의 빛 각성에 들도록 잘 인도를 해 주시느니라.”

수보리는 다시 세존께 여쭈었습니다.
“어떻게 수행을 해야만 세존처럼 조용히 침묵을 하고 앉아 있으면서도 시방세계十方世界의 일체중생들을 잘 보호해 주고 일체 보살들에게는 묘각의 빛 각성에 들도록 인도를 해 줄 수가 있겠습니까?”

세존은 수보리에게 대답하셨습니다.
“그대가 ‘여래밀인如來密印’인 ‘동중정動中靜’이나 ‘정중동靜中動’의 불가사의한 불사를 시행코자 한다면 반드시 한없는 세월 동안 무량한 난행고행인 ‘아뇩다라삼먁삼보리심’을 발원해야만 한다.”

수보리는 너무나 어렵고 두려워서 다시 세존

께 여쭈었습니다.

"그러면 어떻게 수행을 해야만 '아뇩다라삼
먁삼보리심'을 제대로 실천할 수가 있겠습니
까?"

그러자 세존께서는 간명하게 답을 주셨습
니다.

"[사상四相]을 소멸시켜야만 한다."

'사상四相'에는 각별한 세 차원이 있습니다.
무엇이 세 차원인가?

첫째는 일반 중생의 사상이 있습니다.

일반 중생은 누가 자신의 몸에 심한 자극을
주면 벼락같이 "아얏" 합니다.

바로 그 '아얏' 하는 그 호소가 나라고 하는
[아상我相]입니다.

그리고 또 단박에 미간을 찌푸리며 인상을

씁니다. 그 '인상印象'이 곧 [인상人相]입니다.

그리고 또 단박에 "왜 때려" 하는 타유 근성이 곧 [중생상衆生相]입니다.

그리고 또 단박에 "나죽겠네" 하는 호소가 [수자상壽者相]입니다.

바로 이것은 일반 중생들이 가지고 있는 천박한 [사상四相]입니다.

또 보다 고급한 '사상四相'이 있습니다.

성문 나한과 벽지불들이 '나는 득도했다'고 하는 생각이 곧 [아상我相]입니다.

그리고 '육근의 기능이 하나로 통일장을 이룬 육신통'이 곧 [인상人相]입니다.

그리고 '생노병사生老病死를 면했다'고 하는 생각이 곧 [중생상衆生相]입니다.

그리고 또 '불생불멸의 열반을 얻었다'고 하는 생각이 곧 [수자상壽者相]입니다.

또 보다 수승한 보살의 [사상四相]이 있습니다. '묘각妙覺의 빛 각성覺性에 들었다'는 생각이 곧 [아상我相]입니다.

또 스스로 '32상과 80종호를 잘 갖춤'이 곧 [인상人相]입니다.

'중생을 두루 다 구제함'이 곧 [중생상衆生相]입니다.

그리고 생사가 있을 수 없는 '무생법인無生法忍에 듦'이 곧 [수자상壽者相]입니다.

보라! '사상四相'이라도 중생과 아라한, 벽지불과 보살의 '사상四相'은 차원이 이렇게 각별히 다릅니다.

이와 같은 '사상四相'을 완전히 다 소멸시켰을 때만 '성불成佛'이 된 것입니다.

성불은 소승과小乘果 열반처럼 공적한 적정에 몰입한 것이 아니라, 구경의 '묘각妙覺의 빛 각성覺性'이 일체 제불의 세계와 일체중생의 세계와 국토에 두루 편만하게 되었을 때에만 '성불成佛'이 된 것입니다.

수보리가 또 세존께 다시 여쭈었습니다.
"어떻게 수행을 해야만 [사상四相]을 없앨 수가 있겠습니까?"
세존께서는 간명히 답을 주셨습니다.

"[항복기심降伏其心]이니라."

그런데 문제는 저 수행자들의 큰 병이 저 '항복기심降伏其心'입니다.
'항복기심降伏其心'을 '마음을 항복 받아라.'라고 하는 뜻으로 해석을 하고들 있습니다.
아닙니다. 절대로 아닙니다.

‘사상四相’의 제왕은 마음입니다.

마음을 항복 받자면 당생에 성불을 하실 부처님들 밖에는 없습니다.

당생에 성불을 하실 부처님들만이 마음을 항복降伏 받는 항마상降魔相이 있습니다. 그러므로 성불을 하자면 반드시 창조주요 구세주며 절대자인 마음을 항복 받습니다.

그래야만 18불공법과 37조도품에 다 들어갑니다. 그러므로 그 누구도 마음을 항복 받을 수는 없습니다.

그러므로 ‘항복기심降伏其心’의 본뜻은 기고만장한 아만과 교만과 사만을 저 땅바닥에다가 처박고 팍 엎드린 개처럼 살라는 삶을 뜻하는 ‘항복기심降伏其心’입니다.

쉬운 우리말로는 “종과 같은 삶을 살라”는 말씀입니다. 곧 종과 같은 삶이 곧 종교입니다.

그러므로 종교란?

남의 종이 되어 헌신하는 길이 '사상四相'을 항복 받는 대도입니다.

그런데 지금까지 뭇 종교는 초가집을 버리고 오색단청의 청기와집으로 갔고요, 모든 종교의 얼굴 마담인 저 천주교는 로마 교황청으로 갔습니다.

하지만 석존과 예수님은 종과 같은 삶을 사셨습니다. 그래서 밥은 빌어서 잡수셨고 잠은 언덕바지에 선 나무 밑에서 주무셨습니다.

그러므로 석존의 제자들은 발우를 들고 밥은 빌어서 잡수셨고 잠은 언덕바지에 선 나무 밑에서 주무셨습니다.

그래서 그 이름을 빌어먹을 '비比' 자에 언덕 '구丘' 자를 써서 '비구比丘'라 했습니다.

그리고 예수님의 제자들은 남루한 누더기 옷에 손에는 냄비를 들고 밥은 빌어서 먹는다고 해서 그 이름을 '랍비'라 했습니다.

그런데 언제까지 종과 같이 살라는 종교가 구중궁궐의 제왕처럼 사시렵니까? 說法

[금강경을 보는 지혜]
金 剛 經　　　智 慧

경전經典을 보든 소설小說을 보든 무슨 글월의 문장을 읽든지 그 문자의 의미와 뜻이 조금이라도 이해가 되어야 합니다.

그래야 의식은 밝아지고 깨닫고 아는 각성은 확장이 됩니다. 그러나 지금의 『금강경金剛經』은 보면 볼수록 숨통이 막힙니다.

말과 글이란 듣고 봄으로써 의식은 맑고 밝아지며 깨닫고 아는 각성은 확장을 시키는 데 그 목적이 있습니다.

바로 이것이 경문經文의 대도입니다.

그러므로 경전經典이나 교양서적들의 생명은 그 문자文字의 의미와 그 문장文章에 숨은 무량한 철리에 있습니다.

그런데 불교 집안에서 가장 난해한 경전은 『수능엄경首楞嚴經』과 『원각경圓覺經』과 지금 이 『금강경金剛經』일 것입니다. 그래서 『수능엄경首楞嚴經』과 『원각경圓覺經』과 『무량의경無量義經』은 이미 필자가 우리말로 잘 밝혀 놓았습니다.

그리고 지금 이 『금강경金剛經』은 많은 고민을 해 왔습니다. 그러던 중에 주위의 사랑하는 이들의 부탁도 있고 해서 마지못해서 『금강경金剛經』을 쉬운 우리말로 의미와 뜻을 소설처럼 풀어서 이해를 돕기로 했습니다.

그렇게 하자니 우선 한문漢文으로 된 경문經文의 의미와 뜻을 쉬운 우리말로 풀어야 합니다. 그러러면 무엇보다도 한문漢文의 문리文理와 한문漢文의 철리哲理를 잘 소개해야만 합니다.

한문의 문리文理로는 그 문자文字의 의미를 읽는 '의성意聲'인 초성을 순수 우리말로 다양하게 푸는 지혜가 있어야 합니다. 그리고 또 그 '문자文字'에는 무량한 철리를 외우는 '의음義音'인 '두문頭文'이 있습니다. 그러므로 그 '두문頭文'의 무량의無量義를 보는 지혜가 꼭 있어야만 합니다.

이렇게 '한문漢文'에는 무량한 의미를 뜻하는 무량한 의미의 '의성意聲'이 있고, 또 그 '문자文字'에 무량한 철리를 뜻하는 '의음義音'인 '두문頭文'이 별도로 '한문漢文'에만 다 있습니다.

이를 [이두문吏讀文]이라 합니다. 저 이두문吏讀文의 오묘한 철리를 고인들은 [성聲]과 [음音]을 모르면 짐승이라고까지 악평을 하셨습니다.

이 같은 한문漢文의 의미意味의 초성初聲인 '[성聲]의 문리文理'와 '의음義音인 철리哲理의 두문頭文'으로 잘 기록을 해놓은 구마라습의 [금강경 원본]은 찾아볼 길이 없습니다.

왜냐하면 옛날 중국의 역경사들은 한문漢文의 초성인 의성意聲과 의음義音인 두문頭文의 철리哲理를 모르고, 현재의 중국 사람들까지도 까맣게 모릅니다.

그러므로 구마라습이 제대로 의역意譯과 의역義譯을 잘 해놓은 [금강경원본金剛經原本]은 일찍이 찾아볼 수도 없게 되었습니다.

하기야 고래로부터 지금까지도 종교의 생명은 맹신·맹목에 있습니다. 그러므로 비논리적이고 비합리적이며 비과학적이어야 합니다. 그래야만 맹신·맹목의 신자들이 구름처럼 몰려듭니다.

그래서 한국 불교집안의 그 대표적인 경전이

바로 『금강경金剛經』이 되고 있습니다.

이를 보다 못한 필자가 이제 세상에 『우리 말 금강경』으로 새롭게 펴내기로 했습니다.

그런데 큰 문제는 지금의 『금강경金剛經』의 원본은 한문의 문자文字도 문맥文脈도 엉망이라 서 쉬운 우리말 소설로도 사실은 불가능합니 다.

이렇다 보니 현재 『금강경金剛經』은 산사의 큰스님이나 학승들도 『금강경』을 보면서 함부 로 말씀은 못하시지만 속으로는 고민이 참으 로 많으실 것입니다.

필자는 근세에 열반하신 구덕산 내원정사 조 실 윤석암 스님을 평소에 한 번도 뵙지를 못 했습니다. 그런데 스님은 필자를 혜안慧眼으로 다 보시고는 의리로 맺어진 아우에게 "네 형은 '법안法眼'이 열려 있다"고 예언도 하셨습니다.

그리고 인연 있는 명사들도 필자의 다수의 저서나 방송(태광, 새로넷 방송 등)과 엄청난 유튜브를 보고서 말하기로는 석가세존 이후로 다시 없는 '논사論師'라고들 과찬을 합니다.

　물론 부처님의 가피력을 받은 이야기는 덮어두고라도 가장 난해한 『수능엄경首楞嚴經』과 『원각경圓覺經』과 『무량의경無量義經』 등을 그 오묘한 뜻까지도 책을 통해 쉬운 우리말로 다 해설을 잘 해 놓았습니다. 그러므로 지금 이 『금강경金剛經』을 쉬운 우리말 소설로 풀어 놓겠습니다. 혹 필자의 『우리말 금강경』을 보시는 큰스님이나 후학들은 아무쪼록 유감없이 마음 편히 읽어나 보시기 바랍니다. 說堂

[묘각에 비유한 보석 얘기]
妙覺　　　　　寶石

『금강경金剛經』이란 이름에 '금강金剛'은 분명히 보석입니다. 그러면 어째서 『금강경金剛經』을 '다이아몬드' 경經이라 이름했을까요? 물론 『금강경金剛經』보다도 더 수승한 『원각경圓覺經』에도 '원각圓覺'을 '마니보주'에다가 비유를 시켜 놓고 있습니다.

그러므로 이 두 경전의 보석에는 '묘각妙覺의 빛 각성覺性'과 비견이 될 만한 공통점이 있기 때문입니다. 그 공통점은 '묘각妙覺'의 실상實相은 어떠한 상도 없는 무상無相입니다. 또한 '다

이아몬드'나 '마니보주'도 무색투명함이 '묘각
妙覺의 빛 각성覺性'과 의미로는 동일합니다.

바로 저 무색투명한 '묘각妙覺의 빛 각성覺性'
으로부터 일체중생의 '식심識心'이 일어났습니
다. 마치 보석이 사람의 시각에 따라 다양한 빛
깔을 나타내듯이 말입니다.

이와 같이 아무것도 없는 무색투명한 보석이
나 무상의 '묘각의 빛 각성'에서 허망하게도 무
량한 '생멸심生滅心'이 일어났습니다.

이렇게 일어난 '생멸심生滅心'을 '망妄'이라
하고, 저 '망妄'을 멀리 여의고 버려서 마침내
지극한 무극無極의 절대긍정사絶對肯定詞 '십여
시十如是'로 가는 경전經典이 곧 『금강경金剛經』
입니다.

일단 이렇게 보는 지혜가 있어야 합니다. 說坐

[현대물리로 본 청정 묘각의 주소 얘기]
物理   淸淨 妙覺

그리고 또 반드시 알아 두어야 할 상식이 있습니다. '청정淸淨'이란 단어를 고등수학인 현대 물리로는 십조분의 일 밀리인(1mm) 입자粒子분의 -18승에는 우리들의 마음摩陰이 있고, 저 마음의 분자인 심자心子분의 -21승에 [청정 묘각淸淨妙覺의 빛 각성覺性]이 머물고 있음을 꼭 알아야만 합니다.

그래야만 [구경각究竟覺]인 [청정묘각淸淨妙覺]의 주소가 어디메쯤 있는가를 어림이라도 할 수가 있습니다.

그러므로 [세존世尊]은 일찍이 『수능엄경首楞嚴經』에서 물질의 극미 단위를 허공의 비늘이란 뜻에서 [인허진隣虛塵]이라 하셨습니다.

그 [인허진隣虛塵]은 오늘날 현대 물리학에서 말하는 '입자粒子'입니다. '입자粒子는 십조분의 1mm'라고 저 영국의 물리학 박사 '에딩턴'은 일찍이 밝혀 두었습니다. 그리고 에딩턴 박사는 "입자粒子는 곧 마음의 티끌인 사념思念"이라고 정의도 하셨습니다.

에딩턴 박사는 이렇게 소중한 말씀을 지구촌에 남기시고는 이 세상에서 종적을 감추신 진정한 '과학도사科學道師'입니다.

바로 저 '입자粒子'분의 -18승에는 우리들이 늘 쓰고 사는 '마음摩陰'이 있으므로 이 세상의 인간들은 퍽이나 유식한 체들 하지만 실상은 제 마음도 까맣게 모릅니다.

아, 보라! 이렇게 '묘각妙覺의 빛 각성覺性'은

'입자粒子'도 벗어던지고 사유思惟하는 '식심識心'도 물어 씹은 '6부정六否定의 긍정사肯定詞' '비非' 자마저도 갈아 뭉개어 버린 저 무극無極의 '9절대부정사九絶對否定詞', 아니 '불弗' 자마저도 집어삼켜 버린 '10절대긍정사十絶對肯定詞' '십여시十如是'가 바로 다름 아닌 '청정묘각淸淨妙覺의 빛 각성覺性'의 자리입니다.

그러므로 [묘각妙覺의 빛 각성覺性]으로 가는 이정표에는 [없다]는 뜻으로 쓰이는 '무無'자만 해도 무려 스물한 개(21)나 됩니다.

바로 저 스물한 개의 [무無] 자字의 철리가 다름 아닌 [입자粒子]분의 -18승에 있는 마음을 뛰어넘어서 그 마음의 파편인 '심자心子'분의 -21승에 있는 [묘각妙覺의 빛 각성覺性]으로 가는 징검다리가 곧 [무無] 자입니다.

묘각의 주소를 뜻한 [무無] 자만 해도 『반야심경般若心經』에는 스물한 개(21)나 있습니다.

세존은 이미 식심이 없어진 성문聲聞 연각緣覺들을 심자心子분의 [-21승]에 있는 [묘각妙覺의 빛 각성覺性]으로 몰입을 시키고자 하신 뜻에서 [반야육백부般若六百部]에 『금강경金剛經』을 설하셨던 것입니다.

또 [경전經典]에는 [있다]란 뜻으로 쓰이는 문자文字가 셋이 있습니다. 그것은 없음의 반대어인 있을 유[有] 자와 반영구적인 뜻의 있을 재[在] 자와 영구적인 뜻으로 쓰는 있을 존[存] 자입니다.

또 '없다'란 뜻의 [無] 자로는 소녀의 생리처럼 있을 것이 없다란 뜻의 [없을 무][毋] 자와 실재하지 않음을 뜻하는 [없을 무][無] 자와 [무한한 무][无] 자가 이렇게 있습니다.

또 본다는 뜻의 [드러날 현][見] 자와 각성의 눈으로 본다는 뜻의 [볼 관][觀] 자가 있습니다.

한문漢文에는 [시각視覺]으로 본다는 뜻의 [문

자文字]도 여러 개가 있지만 반드시 [見] 자와 [觀] 자만은 제대로 알고 있어야 [경문經文]의 뜻을 법답게 풀 수가 있습니다. 본다는 의미의 뜻으로 쓰이는 문자로는 조건 없이 봄을 뜻한 [봄 시][示] 자와 주의를 해서 봄을 뜻한 [볼 시][視] 자와 그리고 눈으로 본다는 시각하고는 아무런 상관도 없는 [드러날 현][見] 자입니다.

이 드러날 현[見] 자는 눈의 시각으로 본다는 볼 견[見] 자로도 많이 씁니다. 하지만 [불문佛門]에서는 [드러날 현][見] 자로 알지를 못하면 특히 『금강경金剛經』의 경우에는 심각합니다.

드러날 현[見] 자의 뜻을 비유를 하면, 저 밝은 태양의 빛은 만상을 속속들이 다 드러내어 보여 줍니다.

[묘각妙覺의 빛 각성覺性]의 빛은 세상 만상뿐만이 아니라 옛날의 기억을 현실같이 다 비추어 줍니다. 뿐만 아니고 지금의 몸과 마음의 무

량한 번뇌 망상까지도 다 보게 해 줍니다.

이같이 지묘한 영혼도 본다는 뜻의 [드러날 현][見] 자나 [각성覺性]의 눈인 [볼 관][觀] 자를 시각의 감성으로 본다는 의미로 해석한다면 해인사 [대장경大藏經]도 마치 소경의 점자와 같아집니다.

그래서 오늘날 『금강경金剛經』은 억지로 읽어보아도 의미도 뜻(義)도 까맣게 모르는 꼴이 되어 있습니다. 그러므로 불교의 상투용어 [견성見性]은 [묘각妙覺의 빛 각성覺性]의 눈을 뜻한 견성見性입니다.

또 불자佛子라면 『반야심경』의 모체 문자 [볼 관][觀] 자를 깊이 깨닫고 있어야 합니다. [觀] 자는 일체를 두루 다 원형질로 환히 다 본다는 뜻의 [볼 관][觀] 자입니다.

그러므로 두루 다 본다는 뜻을 가진 [부처 불][佛] 자와 [볼 관][觀] 자는 [묘각妙覺의 빛 각성覺性]의 거울을 뜻하고 있음을 반드시 깨닫고 있어야만 합니다.

그리고 일반 한학자漢學者들의 큰 문제는 다양한 한문漢文의 문자文字들이 가진 각별한 문자들의 뜻을 한 의미로 동일시하는 큰 병이 있습니다.

실례로서 혈 맥[脈] 자와 신경 맥[脉] 자입니다. 세속에 일반 한학자漢學者들은 이 두 글자의 뜻을 똑같은 '맥 맥' 자로 동일시하고들 있습니다. 說示

[부정의 긍정사 非(비) 자 이야기]
否定　肯定詞

　손뼉을 탁 쳤을 때, 그 손뼉 소리의 출처가
어디냐? 했을 때,

　그 소리의 그 출처가 분명히 [이쪽, 저쪽, 그
중간] 그 어디냐? 했을 때,

　[이쪽도, 저쪽도, 중간도 아니요, 아닌 것도
아니다]란 뜻의 [부정否定의 긍정사肯定詞]가 곧
[非(비)] 자입니다.

　이렇게 [非] 자는 이쪽저쪽 그 중간도, 부정
도 긍정도 아니한 [부정否定의 긍정사肯定詞]입
니다. 이와 같은 [非] 자의 철리를 잘 모르면

『금강경金剛經』의 해설은 전연 불가능합니다.

실례로서『금강경金剛經』의 본문本文에 보면 이런 문장文章이 있습니다.

[若見 諸相 非相이면 卽見如來]

(약견 제상 비상이면 즉견여래)

이 문장의 해석이 제일 어렵습니다. 그래서 [부정否定]의 [긍정사肯定詞] [비非] 자의 철리를 제대로 알아야 하고, 또 드러날 현[見] 자를 시각으로 본다는 볼 견[見] 자의 개념이 아닌 드러날 현[見] 자로 옳게 알아야 법다운 해설이 금방 나옵니다.

만약 [부정否定의 긍정사肯定詞] 아닐 비[非] 자와 [드러날 현][見] 자의 뜻을 제대로 모르면 다음과 같은 망언을 합니다.

"만약에 모든 상을 상이 아님으로 본다면 곧

여래를 보리라."라는 식으로 해설을 합니다.

참으로 얼토당토않은 언어망발입니다. 왜냐하면 그런 뜻의 문장이라면 지구촌에 숱한 맹인들은 다 [여래如來]를 본다는 얘기가 됩니다.

만약 [부정否定의 긍정사肯定詞] [非] 자의 철리를 알고, 필자가 밝혀놓은 드러날 현[見] 자의 뜻을 제대로 깨친 사람의 해설은 이렇습니다.

[만약에 일체의 현상이 있고, 없고, 있지도 없지도 않음을 두루 다 드러내어 보여주는 여래를 보리라.]

라고 하는 해설이 쉽게 나옵니다.

[非] 자의 철리란?

손뼉의 소리가 이쪽에서 났다면 지금 여기서 손뼉의 소리가 나야 하고, 저쪽에서 났다면 지금 저기서도 손뼉의 소리가 나야 하고, 그 중간이라면 그 중간에서도 손뼉의 소리가 있어야 합니다.

하지만 이쪽, 저쪽, 그 중간이란 삼면이 합일
이 되었을 때에만 분명히 손뼉의 소리가 있습
니다. 그러나 삼면이 분리가 되고 나면 그 어디
에서도 손뼉소리를 찾을 길이 없습니다.

이런 까닭으로 [이쪽도 저쪽도 그 중간도 아
니요 아닌 것도 아니다]란 [부정否定의 긍정사
肯定詞] [非] 자의 철리哲理가 성립이 됩니다. 하
지만 이와 같은 [非] 자의 철리를 전연 모르고
『금강경金剛經』을 해설을 하려고 들면 참으로
기막힌 언어망발을 심하게 하게 됩니다.

그래서 필자가 부득불 『금강경金剛經』을 쉬
운 우리말로 해설을 새롭게 해 둡니다. 說主

[십여시 설]
十 如 是 說

불교의 서두에 항상 우선적으로 거명이 되고
있는 여시는 십여시를 뜻한 여시입니다.

현대 물리학에서는 알 수가 없다는 수를 불
가지수不可知數 [3.14]라 합니다.

아직도 [3.14]가 [10진법十進法]임을 서양에서
는 까맣게 모릅니다. 여기에 '삼점三點(3.)'은 만
법은 다 '삼위일체三位一體'로 성립이 된다는 뜻
입니다. 그리고 일사(14)는 서양에 없는 '열십
(十) 자'에 사방의 숫자 "1, 2, 3, 4"를 뜻합니다.

그리고 저 사방의 수 "1, 2, 3, 4"를 다 더하면
곧 10(十)이 됩니다.

그러므로 [원이삼점圓以三點]을 뜻한 불가지

수 [3.14]는 곧 [10진법十進法]입니다. 십진법은 곧 [여래장如來藏]을 뜻한 [0]입니다.

저 [십진법十進法]인 [3.14]의 도표는 한국 사찰의 편각에 숱하게 그려져 있습니다. 이를 [원이삼점圓以三點][☉]이라 합니다. 저 [원이삼점圓以三點]의 철리를 필자가 앞에서 손뼉소리의 출처로 이해를 잘 도왔습니다.

만물의 섭리나 손뼉의 소리나 마음의 주소는 다 [삼점三點]에서 비롯됩니다. 이쪽도 저쪽도 중간도 아니요, 아닌 것도 아니란 [6부정六否定의 긍정사肯定詞] [비非] 자에 답이 다 있습니다.

그러므로 [부정否定의 긍정사肯定詞] [비非] 자의 철리는 곧 '허망'입니다. 왜냐하면?

어떤 행위가 있으면 있고, 어떤 행위도 없으면 아무것도 없는 이 섭리를 [허망虛妄]이라 합니다.

저 허망인 三點(삼점)을 엎었다 젖혔다 하면 곧 [6부정六否定의 긍정사肯定詞] '비非' 자가 됩니다. 그리고 또 저 [허망虛妄]인 [비非] 자를 사유망상이 아닌 묘각의 빛 각성으로 뒤집어 올리자면 저 [비非] 자를 한 번 더 [절대부정絶對否定]을 해야만 합니다. 그렇게 되면 곧 [9무극九無極]의 [부정사不定詞] [불弗] 자가 됩니다.

그리고 또 저 무극無極의 [9절대부정사絶對否定詞] [불弗]자를 최상승의 빛 각성으로 증발을 시키자면 열 번째로 [절대긍정絶對肯定]을 해야 합니다. 이렇게 열 번째로 일어난 10절대긍정사[十絶對肯定詞]는 곧 묘각의 빛 각성의 연화좌가 됩니다.

이 연화좌를 [십여시十如是]라 합니다. [십여시十如是]는 곧 [여래장如來藏]을 뜻합니다.

십여시十如是란? 있는 그대로를 주시해 보는 자 묘각의 빛으로 다 보라는 법어입니다.

[如是相] 그와 같은 모양

[如是性] 그와 같은 성품

[如是體] 그와 같은 몸통

[如是力] 그와 같은 업력

[如是作] 그와 같은 지음

[如是因] 그와 같은 까닭

[如是緣] 그와 같은 고리

[如是果] 그와 같은 결과

[如是報] 그와 같은 과보

[如是本末究竟] 이와 같은 근본 뿌리로 다 끝마친다.

이와 같은 심심 미묘한 십여시의 철리를 모르고는 『금강경金剛經』은 볼 수도 없습니다. 아무쪼록 조금이라도 금강경을 이해라도 하고 싶으면 십여시의 철리를 잘 읽어 두세요. 說主

[동, 정, 체험 실화]
動 靜 體 驗 實 話

필자는 19세 때 불교를 알았습니다.

무엇을 좀 보고 알았다고 해서 깊은 산중에 자리한 산사의 오색 단청집 선방을 찾지를 않았습니다.

고래로부터 저 정치 건달들은 말할 것도 없고 학자나 신불神佛의 대부代父 성직자聖職者들까지도 한결같이 제 수족에 붙은 손톱 발톱 밑에 흙 묻히기를 비상처럼 싫어들 했습니다.

중생은 뉘라 할 것 없이 다 흙에서 얻는 곡물로 삽니다. 그런데도 만고에 몹쓸 저 정치꾼들은 서울이 아니면 살 수도 없고, 세상에 똑똑이들도 다투어 농촌을 버리고 서서 우는 서울로 다 갔습니다.

그래서 필자는 세상의 저 유식한 똑똑이들이 너무나 보기가 싫어서 고향 농촌에서 살았습니다.

비록 산사가 아닌 농촌에서 엄청 힘든 막노동을 하고 살았지만 술 고기는 물론이고 심지어 멸치 한 마리, 매운 고춧가루도 엄격히 멀리했습니다.

그렇게 먹고살면서 20대에는 농지정리도 아니 된 천봉답을 하루에 소로 천 평을 갈아엎은 일이 있었습니다.

이 모양을 주위에서 지켜본 큰 부잣집 상일꾼들이 말하기를 "저 놈은 절에서 절 공부를 한 놈이 아니고 아마도 남의 집 머슴살이를 하다가 온 놈이야" 하는 우스갯소리도 들었습니다.

세상에 여간 힘 좋은 상일꾼들도 하루에 2, 3 백 평 정도밖에는 갈아엎지를 못하는 다락논을 하루에 천 평이나 갈아엎었으니 누가 아니 놀라겠습니까.

큰 부잣집 상머슴들이 말하기를 "저놈은 서툰 농사꾼이라서 아마도 논바닥을 띄엄띄엄 갈아엎은 썰갈이를 했을 거야" 그렇게들 야유를 하면서도 장한 사실에 찬사를 아끼지는 않았습니다.

그런데 필자가 갈아엎어 놓은 논에서 직접 모를 심어 본 마실 아낙네들의 입에서 자연스럽게 흘러나온 감탄사는 달랐습니다.

논을 얼마나 곱게 잘도 갈고 삶아 놓았든지 논바닥이 마치 "처녀의 젖가슴 같다"고들 우스갯소리도 했습니다.

필자는 소를 몰고 전답을 누비면서도 항상 나와 소와 논바닥을 먼 산을 보듯 주시만 하면서 일만 했습니다.

그렇게 일을 하노라면 저절로 나도 소도 들
판도 깨어 있는 각성 속에 부질없는 망상은 사
라지고 몸과 마음은 지극히 편안했습니다.

농사꾼들이 생을 두고 겪는 중노동의 고달픔
은 온데도 간데도 없는 '동중정動中靜'의 미묘
한 '노동삼매勞動三昧'를 체험해 보았습니다.

또 불가사의한 '정중동靜中動'의 '신통神通' 이
야기도 있습니다.

필자가 20대에 구포 기찰부락에 있는 [금강
암金剛庵]에서 안거를 하고 있을 때의 이야기입
니다.

한때 진해에 있는 육군대학 버스를 타고 돌
아올 가족들을 기다리고 있었습니다. 그런데
왠지 버스를 타고 올 가족들은 약속시간이 엄
청 지났는데도 도무지 소식이 없었습니다.

필자는 좀 이상타 싶어서 잠깐 천리 밖을 환히 다 내다보는 '선정禪定'에 들어갔습니다. 보노라니 아니나 다를까 뜻밖에 놀라운 참경이 벌어지고 있었습니다.

장교들만 타고 다니는 진해 육대버스가 엄청 가파른 오르막길 고갯마루를 힘겹게 오르다가 그만 앞에서 큰 고물 트럭이 급경사를 감당치 못하고 사정없이 밀치는 충격으로 육대버스는 불가항력적으로 사정없이 뒤로 밀리고 있었습니다. 밀리고 밀리면서 그만 천 길 낭떠러지 벼랑 끝으로 몰려 지금 막 뒤집힐 판국이었습니다.

이렇게 급박한 찰나에 필자는 '정중동靜中動'의 '삼매력三昧力'으로 지금 막 벼랑 끝으로 굴러 떨어질 위험천만한 버스를 한 손으로 쉽게 똑바로 잡아 세웠습니다.

마침내 수십 명의 장교들과 그 가족들은 모

두 무사히 다 하차를 했습니다. 천만다행으로 벼랑 끝에서 딱 멈추어선 육대버스는 스릴 만점의 재롱을 떨었습니다.

세상의 매스컴들이 천행의 육대버스 얘기로 야단법석이었습니다.

이와 같은 놀라운 기적과 이적의 행운은 모두가 불행이 일어날 현장의 사람들 중에서 혹한두 사람이라도 제 부모와 제 스승을 공경하고 남에게 덕을 베푼 선근 공덕력이 있는 분들이 있었기에 그 은덕이 불러온 불가사의한 신통 얘기입니다.

그러므로 아무리 대단한 큰 성자라도 저 중생들이 스스로 악업을 지어놓으면 저들의 업보를 어찌할 도리가 전무합니다.

마침내 뒤늦게 집으로 돌아온 가족들은 약간의 부상을 입고는 있었으나 모두가 무사했습니다.

바로 이것이 천리 밖에서 가만히 앉아서 위급 천만한 불상사를 손쉽게 구제한 '정중동靜中動'의 불가사의한 실화 얘기입니다.

또 '동중정動中靜'의 실화로 실제로는 몸은 들판에서 일을 합니다.

일을 하면서도 간혹 잠깐 자신의 몸과 마음과 지금의 현실이 감쪽같이 사라지는 묘한 '삼매경三昧境'에 들기도 합니다. 그때 간혹 시방 세계에서 일어나고 있는 불상사를 환하게 다 봅니다.

필자의 집안에는 신병을 앓는 계모님이 계셨습니다. 계모님은 수시로 신병이란 이름으로 온 가족을 혼절시키곤 했습니다. 저 신병의 질환을 일으키는 영매체가 있습니다. 그 영매체의 이름을 '영매귀靈媒鬼'라 합니다.

저 영매귀는 제 계모를 전생 악연으로 생을

두고 따라다니면서 수시로 목을 짓밟고는 혼절시키는 행위를 즐겼습니다.

일반 사람들의 눈에는 보이지도 않는 '영매귀靈媒鬼'가 계모님의 목을 꽉 누르며 혼절시키는 행위를 즐기는 괴귀를 멀리서 본 필자가 한 발로 냅다 차버린 그 후로는 계모님의 신병은 조용했습니다.

또 뿐만 아니라 간혹 공중을 나는 비행기의 재앙이나 바다의 해난 사고 같은 경우에도 앉거나 서서도 손쉽게 구제를 한 사례가 간혹 있었습니다.

다시 말씀을 드립니다만, 이와 같은 이적과 기적의 은총은 다 불상사를 당할 사람들 중에서 혹 한두 사람이라도 스스로 제 몸과 목숨과 재물을 남에게 조건 없이 베푼 선근의 공덕력이 있는 분들이 불러다 주는 이적과 기적의 신통력임을 밝혀둡니다.

그러므로 저 소방관들이 남의 생명을 구하려다가 자신의 신명을 잃게 되면 그 즉시에 죄가 있고 없고를 불문하고 임종 즉시에 저 높은 하늘 제석천왕도 부러워하는 '화락천궁華樂天宮'으로 곧바로 직행을 합니다. 꼭 명심들을 해두세요. 함부로 "착한 선행이 무슨 소용이 있느냐!"는 식으로 망언을 하지들 마세요,

오늘날 저 패륜아들이 부모와 스승에게 함부로 대드는 저 막되어먹은 구제불능의 일천제 같이는 살지들 마세요. 인간은 세상의 현행법도 무섭지만 찰나에 갈 저승의 블랙홀은 참으로 무시무시합니다.

동중정動中靜과 정중동靜中動을 겸비한 역사적인 인물로는 저 조선 말기에 유명한 진묵대사震黙大師입니다.

대사는 지금 필자가 밝히고 있는 동중정動中

靜과 정중동靜中動의 불가사의를 세상에 간혹 보이신 실존 인물이십니다.

'진묵震黙'이란 명리도 '동중정動中靜'과 '정중동靜中動'을 뜻한 이름이지만 대사는 천리 밖에서 가야산 해인사海印寺에서 일어나고 있는 불을 보고는 자신의 소변으로 진화를 시켰다는 일화로도 유명합니다.

또 자유당 말기에 이름도 소문도 없이 조용히 살다가 가신 스님 한 분이 계셨습니다.

스님은 필자와 같이 한 방안에서 목석처럼 가만히 앉아만 계시면서 그때 지금 이 지구촌을 두루 다 품어 안고 있는 성층권에 가득한 오존층의 오물들을 한 입으로 몽땅 다 들이마셔 버린 불가사의한 신통 얘기도 있습니다.

이 모두는 '동중정動中靜'이나 '정중동靜中動'의 불가사의한 신통력 얘기들입니다.

이와 같은 필자의 동중정動中靜과 정중동靜中

動의 실화의 얘기가 조금이라도 귀띔이 되었다면 『금강경金剛經』은 단박에 새롭고 새로운 황금빛을 낼 것입니다.

그만 각설하렵니다. 세상의 눈이나 귀로는 하나도 보고 듣지를 못하는 얘기들이기 때문입니다.

마치 저 태양의 빛은 그 누구에게도 어떤 대가를 바라지 않듯이 저 묘각의 빛 각성에 든 분들의 조건 없는 무상보시도 저 태양과 똑같습니다.

그러므로 필자가 얘기하는 이적과 기적의 실화는 저 세상이 믿고 말고의 사안이 절대로 아닙니다.

또 '동중정動中靜'과 '정중동靜中動'을 보는 '법안法眼'과 '혜안慧眼'의 실화가 있습니다.

세상 사람들은 물건만 보는 육안밖에는 없습

니다. 그러므로 각성의 눈인 법안法眼과 혜안慧眼 애기는 세상의 눈이 믿고 말고의 차원이 아닙니다.

그러나 『금강경金剛經』을 보는 불자들을 위해서 '묘각妙覺의 빛 각성覺性'의 눈인 '법안法眼'과 '각성覺性의 여명'의 눈인 '혜안慧眼'이 무엇인가를 귀띔이라도 해 두려고 합니다.

근세에 왔다가 가신 윤석암 스님은 '혜안慧眼'이 열리신 큰스님이십니다.

부산釜山 구덕산九德山 내원정사內院精寺 조실이신 윤석암 스님은 필자를 한 번도 실제로 육안으로는 보신 적이 없었습니다.

그런데 필자와 의형제를 맺은 아우가 있었습니다. 아우가 마음이 불편한 사연이 있어서 큰스님을 찾아뵙고는 불법에 관한 질문을 했다고 합니다.

질문을 하려고 하자 스님께서는 심한 신고로

고통을 느끼시면서 하시는 말씀이

"나는 오늘 밤에 곧 이 세상을 떠날 사람이다. 그대가 불법에 관한 질문이 혹 있다면 나에게는 묻지를 말고 네 의형에게 가서 물어 보거라. 나는 '법안法眼'이 없다. 네 의형은 이미 '법안法眼'이 열린 분이다. 그러니 불법에 관한한 네 의형에게 가서 물어 보거라."

스님은 생전 처음 보는 아우를 보고 필자와의 중한 인연의 고리로 맺어진 의형제가 있음을 다 보고 계셨던 것입니다.

"네 의형은 법안이 있다."

라고 말씀을 하신 윤석암 스님은 바로 그날 밤에 곧바로 '열반'을 하셨습니다.

윤석암 스님이 내원사에서 열반을 하시는 바로 그날 밤 그 시간에 필자는 초량 집에서 조용히 앉아만 있었습니다.

윤석암 스님은 스스로 마음이 고요해서 생긴 저 무변허공계를 둘둘 말아서 진공묘유의 진공장 속으로 몰입을 하실 때에 참으로 불가사의한 열반상을 보았습니다. 오색찬란한 둥근 윤상의 빛을 나선형으로 말아서는 진공묘유의 진공장으로 입적을 하셨습니다.

저 지묘한 입적의 광명상은 다름 아닌 사랑(상常)과, 평화(락樂)와 자유(아我)와, 행복(정淨)의 '열반涅槃'이었습니다.

이렇게 신비로운 '석암昔巖' 스님의 지극히 신비로운 '열반'상을 필자는 잘 보았던 것입니다.

아, 보라. 저 큰스님은 '혜안慧眼'으로 생전에 보지도 못한 필자를 다 보았고, 소생은 '법안法眼'으로 스님의 열반상을 자세히 보았습니다.

스님과 필자는 같은 구덕산 품안에 살고는 있었지만 서로는 한 번도 상면치 못했습니다.

하지만 육신의 눈이 아닌 '혜안慧眼'이나 '법안
法眼'으로는 항상 서로 다 보고 다 같이 한곳에
있었습니다.

　바로 이것이 '묘각妙覺의 빛 각성覺性'의 눈
'법안法眼'과 '혜안慧眼'의 불가사의한 실화 얘
기입니다. 說主

[반야육백부와 금강경]
般若六百部　金剛經

불전 설화집에 있는 얘기입니다.

세존께서 어느 날 빛나신 얼굴에 미소를 가득히 머금고 계셨다고 합니다.

곁에서 세존을 지켜보던 제자들이 세존의 만면에 가득한 희색을 보고 물어 보았습니다.

"세존은 어찌 오늘 따라서 만면에 미소를 머금고 계시옵니까?"

세존께서 대답하시기를

"만약 너희 부모가 멀리 떠나갔던 자식들이 고향집으로 돌아온다는 소식을 들었다면 너희 부모님의 마음은 어떠하시겠느냐?"

"물론 무척 기쁘옵니다."

"그래, 나도 지금 곧 내 아들들이 돌아올 것을 알고 지금 내가 이렇게 기뻐하노라."라고 말씀하셨다고 합니다.

사리불과 목건련이 처음 세존께 오체투지를 하며 불문에 입문을 할 때에 세존의 주위에는 수천만의 군중들이 운집을 했다고 합니다.

그 까닭은 워낙 세상에 소문이 많이 난 사리불과 목건련의 신통한 기품을 보고 싶어서였을 것입니다.

그 수많은 사람들이 보는 그 앞에서 세존과 사리불이 서로 주고받은 언약이 있었다고 합니다.

세존께서 "나의 법은 앎의 문제가 아니라 깨달음의 문제다. 그러므로 무엇을 알려고 나에게 묻지를 말고 묵묵히 칠 년 동안만 나를 따를 수가 있겠느냐?"라고 묻자 사리불이 서슴없이 "예."라고 대답하였습니다. 그 순간 사리불과 목건련의 머리의 모발과 턱에 긴 수염이 저절로 말끔히 싹 깎이면서 세존이 입고 계신 황금 가사와 똑같은 가사장삼이 자연스럽게 입혀졌다고 합니다.

그 후로 사리불은 무심히 세존의 뒤를 말없이 7년 동안을 따라다녔다고 합니다.

그러던 어느 날 세존은 많은 제자들과 함께 죽림정사로 조용히 걷고 계시면서 많은 대중들에게 법문도 하셨습니다.

그렇게 걷고 문법도 하시는 세존의 뒤를 따르던 사리불이 뜻밖에 이런 감탄의 말씀을 올렸다고 합니다.

"아, 세존이시여! 지금 세존의 몸과 마음은

적멸의 보궁이십니다. 참으로 침묵을 하시나이다."

이렇게 감탄의 쾌재를 부르자 세존께서는 뒤돌아보시며

"아, 내 아들 사리자舍利子야! 이제 그대가 나를 보았구나. 사리자舍利子여! 그리고 보니 이제 그대와 주고받을 대화의 시간이 다 되었구나."

라고 하시고는 자리를 펴고 앉으실 때에 결가부좌가 아닌 평좌를 하시고는 오른발의 발바닥을 위로 하시고 그 발바닥으로 대광명을 놓으셨다고 합니다.

지금 저 밀양 청도 운문사雲門寺 '대적광전大寂光殿'에 가보시면 '비로자나불'이 결가부좌가 아닌 오른편 발바닥을 위로 한 좌상을 보실 수가 있습니다.

꼭 그와 같은 세존의 발바닥에서 일어난 대

광명상으로부터 장장 21년 동안을 대반야경 육백 부를 다 설하시게 되었던 것입니다.

바로 저 대반야경 육백 부 중 577부에 지금 이 『금강경金剛經』이 설해져 있습니다.

그러므로 저 [대반야육백부大般若六百部]는 사리불이 세존의 [여래밀인如來密印]인 동중정動中靜의 불가사의를 본 '사리자舍利子'로부터 설해지고 있습니다.

반대로 『금강경金剛經』은 '여래밀인如來密印'인 '정중동靜中動을 본 해공제일解空第一 수보리須菩提로부터 설해지고 있습니다.

이렇게 '정중동靜中動'을 본 해공제일解空第一의 수보리자須菩提子는 그 어머니의 태중에 있으면서 시방세계를 두루 다니면서 이미 설법을 하고 다녔다고 하는 분이십니다.

그러므로 『금강경金剛經』을 조금이라도 이해

를 하시자면 필자가 앞에서 밝혀놓은 '동중정動中靜'과 정중동靜中動의 '여래밀인如來密印'이 과연 무엇인가를 꼭 알고 있어야 합니다. 說主

[지혜제일 사리자의 반야심경]
智慧第一 舍利子 般若心經

반야육백부般若六百部를 260자로 잘 축소시켜 놓은 반야심경般若心經은 지혜제일智慧第一 사리자舍利子로부터 설해지고 있습니다.

그래서 일찍이 필자가 이『반야심경般若心經』을 쉬운 우리말로 풀어 놓았습니다.

필자가 앞에서도 언급을 했지만 '금강金剛'은 다양하게 빛을 발하는 무색투명한 보석인 '다이아몬드'를 뜻합니다.

그러므로 특히『반야심경般若心經』도 보는 사람의 지견에 따라서 다양한 해설이 나올 수

도 있습니다. 그러므로 절대로 평가는 금물입
니다. 說 生

[마하반야바라밀다심경]
摩訶般若波羅密多心經

[파도처럼 빽빽히 밀려오는 번뇌망상을 각성의 눈으로 돌이켜보는 경]

각성의 눈으로 항상 보살피는 자가 세상을 살아 나아갈 때에 이 몸과 마음을 돌이켜보니 일체가 다 텅 비었더라. 이런 고로 모든 고액이 다 어디에 있겠는가.

지혜로운 자여! 모든 만물은 공과 다르질 않고 허공이 또한 물질과 다르질 않나니 일체 모양은 곧 공이요, 공은 곧 물질이니 우리 마음을 이루고 있는 오음도 꼭 그와 같노라.

슬기로운 이여!

모든 진리가 다 텅 빈 생각이니, 그것은 나지

도 않고, 멸하지도 않으며, 더럽지도 않고, 깨끗한 것도 아니며, 늘어나는 것도 아니고, 줄어드는 것도 아니며, 텅 빈 가운데는 그 무엇도 없음으로 오감인 눈, 귀, 코, 입, 몸, 뜻도 또한 없느니라.

이렇게 아무것도 없는 고로 물질과 소리와 냄새와 맛과 느낌 같은 앎이 어디에 있겠는가.

밖으로 보이는 것과 의식의 세계도 없으며 없는 고로 허망한 망상인 무명도 없고, 무명이 없다는 것도 없으며, 없는 고로 마침내 늙어죽음도 역시 있을 수 없느니라.

괴로움의 뿌리인 집착을 멸하여 버리는 길도 없으며, 지혜도 역시 얻을 것이 없으며, 이렇게 얻을 것 없는 것을 얻는 고로 옳게 깨달음에 이른 보살들도 다 이 반야심경을 의지하는 고로, 마음에 걸릴 것이 없으며 장애가 될 것도 없음으로 두렵고 겁날 것이 어디에 있으랴. 마침내

혼돈된 망상을 멀리 떠나 열반에 이른 삼세의
모든 부처님도 반야심경과 같이 생각하고 닦
음으로, 한없는 세월 동안 무량한 난행 고행에
서 무여열반을 얻었느니라.

그런 고로 알라. 이 해탈로 가는 마음의 경은
크게 육신통을 얻게 하는 궐월이며 훌륭하게
삼명을 밝히는 궐월이며, 더 이상 없는 궐월이
며, 더 이상 비길 데도 없는 궐월이니 일체 모
든 고뇌를 충분히 제하여 버릴 수 있고, 진실하
여 헛됨이 없노라.

실상에 이르는 신비로운 궐월을 설하노니 그
궐월은 곧 이러하니라.

아제 아제 바라아제 바라승아제 모지사바하
어서 가세 어서 가세 저 아무것도 얻을 것도
없는 실상으로 돌아가세. 說 主

[呪文] 또는 [神呪]는 궐월(闕越)을 뜻합니다.

[경전을 여는 게송]

경전을 열고 들어가는 칭양 찬탄의 게송偈頌이 있습니다.

그 찬양의 게송은 경전을 열고 들어가는 시詩라 해서 개경게開經偈라 합니다.

개경게開經偈

무상심심 미묘법 無上甚深 微妙法

백천만겁 난조우 百千萬劫 難遭遇

아금문견 득수지　我今聞見 得受持

원해여래 진실의　願解如來 眞實義

"위도 없고 밑도 없이 깊고 깊은 미묘한 법은 백천만겁에 만나 얻어 듣고 보기 어려워라. 나는 지금 심심한 미묘법을 얻어 듣고 보고 읽고 외우고 쓰고 해설을 하노니 원컨대 여래시여, 이 경전『금강반야바라밀경』의 진실한 뜻을 알게 하소서."라고 하는 예찬의 발원문입니다.

이렇게 해석을 하는 것은 세존의 무량한 지혜를 내 몸 밖에서 구하는 세간법世間法의 해설입니다. 다시 바깥세상의 상식을 떠나서 자기 내면의 각성을 돌이켜보는 출세간법으로 해설을 하면 다음과 같습니다.

"더 이상 없는 심심한 미묘법은 백천만겁이라고 하는 시간 속에서는 만날 수 없네.

지금 나의 내면의 소리를 듣고 보고 생각하노니 묘각여래의 진실한 말씀의 뜻 이제 알겠나이다." 說主

나무 금강반야바라밀경

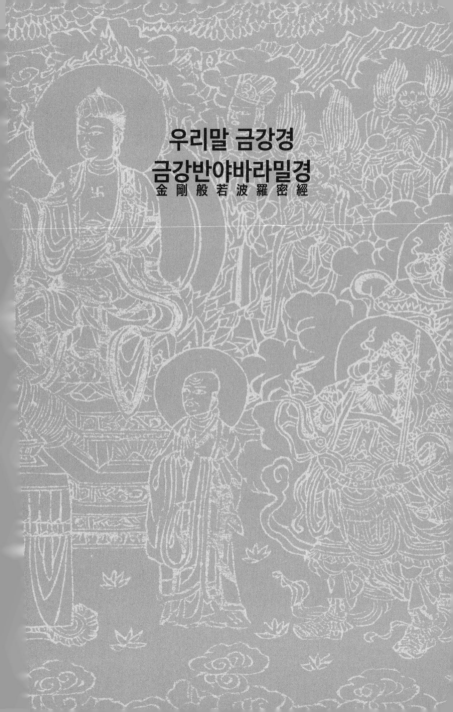

우리말 금강경
금강반야바라밀경
金剛般若波羅密經

"더 이상 없는 심심한 미묘법은
백천만겁이라고 하는 시간 속에서는 만날 수 없네.
지금 나의 내면의 소리를 듣고 보고 생각하노니
묘각여래의 진실한 말씀의 뜻 이제 알겠나이다."

1. 법회인유분法會因由分
법회가 이루어지게 된 까닭 분

나는 여래로부터 이와 같이 들었습니다. 어느 때에 부처님께서 훌륭한 비구 천이백오십 인과 함께 사위국 기수급고독원에 계셨습니다.

그때에 세존께서 공양을 하실 때가 되었으므로 가사를 입고 발우를 들고 걸식을 하시려고 사위국 큰 성안으로 들어가셨습니다.

그 성안에서 차례로 걸식을 하시고는 본처로 돌아오셨습니다. 세존께서는 공양을 다 드신 후에 가사와 발우를 거두시고 발을 씻으시고

는 자리를 펴시고 편안히 앉아 입정을 하시고
계셨습니다.

2. 선현기청분善現起請分
정중동을 잘 보고 법을 청하는 분

그때에 대중 가운데 있던 나이 많은 장로 수보리가 자리에서 일어나 오른쪽 어깨를 드러내고 오른 무릎을 땅에 대고는 합장을 하고 공손히 부처님께 여쭈었습니다.

"세존이시여, 세존은 참으로 경이롭습니다. 여래께서는 조금도 움직임 없는 선정에 들어 계십니다. 그런데 부동하고 앉아서 입정을 하고 계시면서도 시방 일체중생들을 두루 다 보살펴 주시고, 또한 일체 보살들에게는 저 묘각의 빛 각성으로 들도록 잘 지도를 해 주시고 계십니다."

"세존이시여, 어떻게 수행을 해야만 세존처럼 부동하고 앉아 선정에 들어 있으면서도 일체중생을 두루 다 잘 보호해 주고 모든 보살들에게는 묘각의 빛 각성으로 잘 들도록 지도를 해 줄 수가 있습니까?

부처님께서 말씀을 하셨습니다.

"수보리야, 너는 참으로 기특하고 기특하도다. 그대가 이제 나의 비밀한 여래밀행을 잘 보았구나."
"수보리야, 그대의 말과 같이 여래는 부동하고 앉아만 계시면서도 일체중생을 두루 다 잘 보호해 주고 또한 보살들을 묘각의 빛 각성으로 들어가도록 잘 인도해 주시느니라.”

"그대는 이제 자세히 들어라. 그대가 본 여래
밀인如來密印인 정중동靜中動의 불가사의를 설
하리라.”

"이제 가장 높고 더 이상 위없는 바른 깨달
음인 여래밀인을 얻고자 하는 선남자 선여인
들에게 설하리라.”

"수보리야, 여래밀인如來密印인 동중정의 불
가사의는 세상일을 하면서도 몸과 마음은 항
상 고요한 선정에 들어 있어야 하고, 또한 정중
동의 여래밀인如來密印은 선정에 들어 있으면서
도 시방 세계를 두루 다니며 모든 중생들을 다
구제하고 보살들에게는 법을 설할 수 있어야
만 하느니라.

그대는 이제 자세히 들어라.”

"예, 세존이시여.

지금 수보리는 환희한 마음으로 기꺼이 듣고
자 하옵니다."

3. 대승정종분大乘正宗分
대승의 뿌리인 여래밀인을 밝히는 분

부처님께서 수보리에게 말씀을 하셨습니다.

"모든 보살마하살은 다음과 같이 발원을 해야만 하느니라."

"사생(알로 나는 난생卵生·태로 나는 태생胎生·습기로 나는 습생濕生·변화로 나는 화생化生)이나 또 형상이 있는 것이나 형상이 없는 것이나, 생각이 있는 것이나 생각이 없는 것이나 생각이 있지도 생각이 없지도 않은 온갖 중생들을 내가 다 빠짐없이 모두 나고 죽음이 없는 [열반]에

들게 하리라 하는 발원을 해야만 하느니라. 그
렇게 발원을 하고는 저 무량한 중생을 다 열반
에 들도록 해야 하느니라.

비록 그렇게 모두 열반에 들도록 제도를 하
였을지라도 실제로는 한 중생도 열반을 얻은
중생이 있을 수가 없느니라."

"왜냐하면 수보리야,
나고 죽음이 있을 수가 없는 열반은 무엇도
있을 수가 없는 공적한 적멸의 평화뿐이기 때
문이니라.

그러므로 열반을 얻은 중생들은 마치 공중에
가득한 구름이 공중에서 완전히 소멸됨과 같
으니라.

그러므로 열반을 얻은 사람도 신심이 완전히
적멸해 버렸기 때문에 적정의 열반에는 한 중
생도 있을 수가 없기 때문이니라.

마찬가지로 저 보살이라고 이름 하는 보살들도 마치 큰 수미산이 진공 속으로 다 사라진 것처럼 '내가 누구다'라고 하는 [아상我相]이나, '저들은 사람이다'라고 하는 [인상人相]이나, '저들은 번뇌 속에 사는 중생衆生이다'라고 하는 [중생상衆生相]이나, '저들은 생사가 없는 열반을 얻었다'고 하는 [수자상壽者相]도 있을 수가 없느니라.

　　만약 보살이 '육신은 내 몸이요, 생각은 내 마음이다'라고 하는 고정 관념을 가지고 있다면 보살이라고 이름 할 수가 없느니라."

4. 묘행무주분妙行無住分
주한 바 없는 묘한 행 분

"또 수보리야,

보살은 어떠한 대상에 대해서도 조금도 집착을 하는 마음이 없어야 하느니라.

그러므로 보시를 행할 때에도 보시를 행하는 자기가 없어야 하느니라.

그러므로 보시를 행하는 자기도 없고 보시를 받는 자도 없고, 그 보시로 얻어지는 과보에 대해서도 조금도 바람이 없어야 하느니라.

말하자면 잘나고 못나고 귀하고 천함에 대한 어떠한 형색에도 전연 무관심하게 보시를 해야만 하느니라.

　혹 말을 못하는 사람이나, 고약한 냄새가 나는 사람이나, 맛이 있고 맛이 없고 달고 쓰고를 막론하고 그 무엇에도 관심을 두지 말고 보시를 행해야만 하느니라.

　수보리야, 보살은 이와 같이 보시를 행해야 하므로 어떠한 도덕성이나 종교적인 신념에도 집착을 하지 말아야 하느니라.

　왜냐하면 보살이 대상에 대한 어떠한 신념이나 대상에 대한 어떠한 편견도 없이 보시를 행한다면 그 복덕은 허공과 같아서 계산을 할 수가 없기 때문이니라."

　"수보리야, 그대의 생각은 어떠한가?
　동쪽 허공을 사람의 머리로 측량을 할 수가 있겠는가?"

"없습니다, 세존이시여."

"수보리야, 동서남북방과 그 중간과 상하방의 허공을 누가 식심분별의 생각으로 측량을 할 수 있겠느냐?"

"없습니다, 세존이시여."

"수보리야, 항상 중생을 보살펴주는 보살이 어떠한 대상에 대한 개념이나 집착도 없이 보시를 행한 그 복덕도 역시 저 측량할 수 없는 허공과 마찬가지로 그 복덕은 헤아릴 수가 없느니라.

수보리야, 보살은 반드시 이와 같이 어떠한 대상에도 관심을 둔 바가 없는 무주상無住相 보시를 행해야만 하느니라."

5. 여리실견분如理實見分
여래의 밀인을 보는 분

"수보리야, 그대의 생각은 어떠한가? 신체적인 육신을 가지고 청정 묘각인 법신을 볼 수가 있겠는가?"

"없습니다, 세존이시여.

신체적 몸으로는 여래를 볼 수 없습니다. 왜냐하면 세존께서 말씀하신 여래의 몸은 육신을 뜻한 몸이 아니라 무극無極의 절대긍정사絶對肯定詞 [십여시十如是]의 몸, 곧 법신을 뜻하고 있기 때문입니다."

부처님께서 수보리에게 말씀하셨습니다.

"세상 만상은 다 허망한 것이니 만약에 일체의 현상이 있고 없음을 두루 다 깨닫고 아는 [묘각妙覺의 빛 각성覺性]의 눈으로 본다면 즉시에 여래를 보리라."

<凡所有相 범소유상이
　皆是虛妄 개시허망이니
　若見諸相非相 약견제상비상이면
　[則見如來 즉견여래]니라.>

6. 정신희유분正信希有分
옳게 확신을 하는 분

수보리가 부처님께 여쭈었습니다.

"세존이시여,

이와 같이 자신의 신심을 전지전능하게 두루 다 깨닫고 두루 다 아는 묘각의 빛 [각성覺性]을 보는 법문을 듣고 누가 진실한 믿음을 가질 자가 과연 있겠습니까?"

부처님께서 수보리에게 말씀하셨습니다.

"그런 말은 하지를 말거라.

왜냐하면 여래가 열반한 뒤 오백년 후에도 계를 잘 지니고 복덕을 잘 닦는 이는 반드시 이러한 법문을 듣고 단박에 자기 자신의 내면에 밝게 깨어있는 각성을 깨닫고 반드시 진실한 이 법문을 믿을 것이다.

이런 사람은 한 부처님이나 두 부처님이나 셋, 넷, 다섯 부처님께 선근을 심은 것이 아니라 이미 한량이 없는 부처님의 처소에서 여러 가지로 선근공덕을 많이 심은 사람이니라.

그러므로 이런 사람은 [여래묘각如來妙覺의 빛 각성覺性]을 보는 법문을 듣게 된다면 단박에 진실한 믿음을 낼 것이니라.

이런 사람은 내가 열반한 500년 후에라도 비록 불법을 형색으로 구하는 상법시대라 할지라도 이 법문을 듣는다면 반드시 굳게 믿을 이가 있음을 너는 꼭 알아야 하느니라."

"수보리야, 여래는 이러한 중생이 다 허공계와 같은 한량이 없는 복덕을 얻고 있음을 다 알고 다 보느니라. 왜냐하면 이러한 중생들은 자신의 몸을 나라고 고집을 하는 [아상我相]이나 내가 사람이라고 집착을 하는 [인상人相]이나 나와 남을 분별하는 [중생상衆生相]이나 또한 수명을 애착하는 수자(명)상壽者(命)相도 없느니라.

이런 사람은 또한 '저것은 법이다, 이것은 법이 아니다'라고 하는 시시비비도 없는 사람이기 때문이니라.

만약에 중생들이 마음에 어떠한 고정 관념을 가지게 되면 벌써 이는 [아상我相] [인상人相] [중생상衆生相] [수자상壽者相]에 얽매이고 집착한 것이 되느니라.

그러므로 법이라 하는 고정 관념을 가져도 이미 '나다 남이다' 하는 중생상에 집착하는 것이 되느니라.

또한 '저것은 법이다 저것은 법이 아니다'라고 하는 고정 관념을 가져도 이미 [사상四相]에 집착을 하는 꼴이 되기 때문이니라.

그러므로 법에 집착을 해도 아니 되고 법이 아니란 생각에 집착을 해서도 아니 되느니라.

그러므로 여래는 항상 말을 해 왔느니라."

"너희 비구들이여,

나의 설법은 이쪽 언덕에서 저쪽 언덕으로 수월히 사람을 편히 건너게 해 주는 소중히 쓰다가 버릴 뗏목과 같다. 그러므로 잘 이용을 하고는 꼭 버려야 함을 알아야 하느니라."

"자신을 깨달은 깨달음도 버려야 하거늘 하물며 법도 아닌 비법이야 말해 무엇 하겠느냐!"

7. 무득무설분無得無說分
얻고 말고 할 것도 없는 설법 분

"수보리야, 그대는 어떻게 생각하느냐?

과연 여래가 가장 높고 올바른 깨달음을 실제로 얻은 것이 있다고 생각을 하느냐?

여래가 설한 법이 실제로 있느냐?"

수보리가 대답하였습니다.

"제가 부처님께서 말씀하신 뜻을 이해하기로는 가장 높고 바른 깨달음 자체가 얻고 말고 할 것도 아무것도 없는 법을 얻는 것이므로 실로 얻어질 수가 있는 깨달음이나 말로 설할 수 있는 어떤 법도 있을 수가 없습니다.

또한 여래께서 설한 법은 모두가 얻을 것이 아무것도 없는 무극無極의 절대긍정사絶對肯定詞 [십여시十如是]일 뿐입니다.

그러므로 여래께서 설한 법은 모두가 얻을 수도 없고 설할 수도 없는 법을 설하신 것뿐입니다.

세존이 설한 법은 법도 아니고 또한 법 아님도 아니기 때문입니다. 그 까닭은 모든 성현들이 얻은 법은 일체가 다 얻고 말고 할 것도 없는 다 함이 없는 법일 뿐이기 때문입니다.

일체가 다 무극을 절대긍정을 한 [십여시十如是]입니다."

8. 의법출생분依法出生分
[각성覺性]에 의하여 만법이 일어나는 분

"수보리야, 그대의 생각은 어떠한가?

어떤 사람이 삼천대천세계에 칠보를 가득 채워서 보시를 한다면 이 사람이 얻는 복덕이 참으로 많다고 하겠느냐?"

수보리가 대답하였습니다.

"매우 많습니다, 세존이시여.

왜냐하면 저 복덕성의 실상은 허공계와 같은 성품이므로 여래께서는 복덕이 많다고 하셨을 뿐입니다."

"만약 어떤 사람이 이 경문에서 사구게만이
라도 받아 가지고 다른 사람을 위해 설명을 해
주었다고 하자.

그러면 이 복은 저 칠보로 보시한 사람의 복
보다도 월등히 수승하니라.

왜냐하면 수보리야.

모든 부처님과 모든 부처님의 가장 높고 올
바른 깨달음의 법은 모두 다 저 무색투명한
[금강金剛]이라고 하는 [다이아몬드]에서 나온
색깔과 같기 때문이니라.

수보리야,

부처의 가르침이라고 말하는 것은 마치 저
무색투명한 [다이아몬드] 자체에는 어떠한 빛
깔도 형색도 없듯이 여래의 가르침도 어떠한
형색이 없기 때문이니라."

9. 일상무상분一相無相分
어떠한 상도 없는 하나의 모양 분

"수보리야, 그대는 어떻게 생각하느냐?
수다원이 '나는 수다원과를 얻었다'라고 말을 할 수가 있다고 생각하느냐?"

수보리가 대답하였습니다.

"아닙니다, 세존이시여.
왜냐하면 수다원은 '성자의 흐름에 든 자'라고 말은 하지만 실로 수다원의 실체가 있을 수가 없으므로 들어간 무엇도 없습니다.

수다원은 어떠한 형색이나 소리와 냄새와 맛과 감촉 같은 감성의 속성에는 들어가 있지 않음을 수다원이라 말하기 때문입니다."

"수보리여, 그대의 생각은 어떠한가?
사다함이 '나는 사다함과를 얻었다'라고 생각을 하겠는가?"

수보리가 대답하였습니다.

"아닙니다, 세존이시여.
왜냐하면 사다함은 '단 한 번만 이 세상에 돌아와서 깨달을 자'라고 말은 하지만 실로 돌아올 깨달음이 없음을 사다함이라 말하기 때문입니다."

"수보리야, 그대의 생각은 어떠한가?

아나함이 '나는 아나함과를 얻었다'고 생각
을 하겠는가?"

수보리가 대답하였습니다.

"아닙니다, 세존이시여.
왜냐하면 아나함은 다시 이 세상에 '되돌아
오지를 않는 자'라고 말은 하지만 실로 되돌
아올 자가 없음을 아나함이라 말하기 때문입
니다."

"수보리야, 그대의 생각은 어떠한가?
아라한이 '나는 아라한의 경지를 얻었다'고
생각을 하겠는가?"

수보리가 대답하였습니다.

"아닙니다, 세존이시여.

왜냐하면 실제로 아라한은 '묘각妙覺의 빛 각성覺性'의 여명으로 생긴 마음의 허물인 식 심識心이 없으므로 아라한이라 말한 것뿐이기 때문입니다.

세존이시여, 아라한이 '나는 아라한의 경지 를 얻었다'고 생각을 한다면 그는 곧 나라고 하 는 [아상我相]과 내가 누구라는 [인상人相]과 자 타를 분별하는 [중생상衆生相]과 죽지를 않는다 는 [수자상壽者相]에 집착을 한 것이 되기 때문 입니다.

세존이시여, 부처님께서 저를 다툼이 없는 [무쟁삼매無諍三昧]를 얻은 사람 중에서 제일이 고, 또 모든 욕망을 다 여읜 사람 중에서도 제 일인 [아라한阿羅漢]이라 말씀을 하셨습니다.

하지만 저는 한 번도 '나는 욕망을 여읜 아라

한이다'라고 생각을 해 본 적이 없습니다.

　세존이시여, 제가 만약 '나는 [아라한]의 경
지를 얻었다'고 생각을 하였다면 세존께서 저
'수보리는 해공제일解空第一의 수행자다'라고
말씀하시지 않았을 것입니다. 실로 수보리는
공적한 행을 한 적이 없으므로 세존께서 수보
리는 공적한 행을 즐긴다고 말씀하셨던 것입
니다."

10. 장엄정토분莊嚴淨土分
청정한 정토를 장엄 분

부처님께서 수보리에게 말씀하셨습니다.
"그대의 생각은 어떠한가?
여래가 옛적에 연등부처님 처소에서 법을 얻
은 것이 실로 있다고 하겠느냐?"

"없습니다, 세존이시여.
여래께서 연등부처님 처소에서 실제로 얻을
법이 없음을 얻었을 뿐입니다."

"수보리야, 그대의 생각은 어떠한가?

보살이 실로 국토를 거룩하게 장엄을 하느냐?"

"아니 옵니다, 세존이시여.
왜냐하면 '불국토를 거룩하게 장엄한다는 것은 그 무엇도 꾸미는 장엄을 하는 바가 없음을 장엄한다'고 말하기 때문입니다."

"그러므로 수보리야.
모든 보살마하살은 이와 같이 아무것도 없음에 깨끗한 믿음을 내어야 하느니라. 어떠한 형색에도 집착함이 조금도 없어야 하고, 소리와 냄새와 맛과 감촉 같은 감성에도 집착하지 않는 마음을 가져야만 하느니라."

"수보리야,
어떤 사람의 몸이 수미산 왕만큼 크다고 한

다면 그대의 생각은 어떠한가? 그 몸이 과연 크다고 하겠는가?"

수보리가 대답을 하였습니다.

"매우 큽니다, 세존이시여.
왜냐하면 부처님께서 말씀하시는 몸이란 뜻은 시방세계도 다 허공계 안에 있고 세상 사람의 몸도 다 텅 빈 허공계 안에 있습니다. 그러므로 세존께서는 허공신을 몸이라고 말씀하셨기 때문입니다."

11. 무위복승분無爲福勝分
더없이 복이 수승한 분

"수보리야,

항하의 모래 수만큼 항하강이 있다면 그대의
생각은 어떠한가?

저 모든 항하의 모래 수를 진정 많다고 말하
겠는가?"

수보리가 대답을 하였습니다.

"매우 많습니다, 세존이시여.

한 항하강의 모래 수만 해도 헤아릴 수 없이

많은데 하물며 그 모래 수만큼의 많은 항하강의 모래 수를 어떻게 생각이나 할 수가 있겠습니까?"

"수보리여, 내가 지금 너에게 진실한 뜻을 묻겠노라.
만약 선남자 선여인이 저 항하의 모래 수만큼의 삼천대천세계에 칠보를 가득 채워서 보시를 한다면 그 복덕이 많겠느냐?"

수보리가 대답하였습니다.
"매우 많습니다, 세존이시여."

부처님께서 수보리에게 말씀하셨습니다.

"만약 선남자 선여인이 이 경에 기록한 사구게 한 구절만이라도 받아 지니고 다른 사람을 위해 설명을 해 준다면 그 복덕은 저 항하강들의 모래 수만큼 보시를 한 복덕보다도 더 수승하니라."

12. 존중정교분尊重正教分
존중한 바른 가르침을 펴는 분

"또한 수보리야,

이 『금강경金剛經』의 사구게만이라도 해설을 해서 그 법을 펴는 곳이 있으면 그 어디든 간에 저 모든 세상의 인간과 천상 사람과 아수라들이 지극히 공양을 할 것이니라.

그러므로 이 경은 곧 부처님을 모신 탑과 같음을 알아야 하느니라.

하물며 이 경전 전체를 받아 지니고 읽고 외우는 사람에 있어서이겠느냐.

수보리야, 이렇게 잘 수행을 하는 사람은 가

장 높고 가장 경이로운 깨달음을 성취할 것임
을 꼭 믿어야 하느니라.

　그러므로 이 경전이 있는 곳은 곧 부처님과
존경받는 제자들이 함께 머물러 계시는 곳이
될 것이니라."

13. 여법수지분如法受持分
법과 같이 수지하는 분

그때 수보리가 여쭈었습니다.

"세존이시여, 이 경의 이름을 무엇이라 불러야 하며 저희들이 어떻게 받들어 지녀야 합니까?"

부처님께서 수보리에게 말씀을 하셨습니다.

"이 경의 이름은 무색투명한 다이아몬드에서 다양한 빛깔이 나오듯이 [청정묘각淸淨妙覺의 빛 각성覺性]에서 무량한 중생심이 파도처

럼 빽빽이 밀려오는 마음을 돌이켜보는 경이
란 뜻에서 '금강반야바라밀경金剛般若波羅密經'
이라 이름 하느니라.

  그러므로 너희들은 이 경을 『금강반야바라
밀경金剛般若波羅密經』이란 제목으로 잘 받들어
지녀야 하느니라.

  수보리야, 부처님이 설하신 반야바라밀般若
波羅密은 [반야바라밀般若波羅密]이 아니니라. 왜
냐하면 여래가 설한 법은 [무극無極]을 [절대긍
정絶對肯定]을 한 [십여시十如是]일 뿐이기 때문
이니라.
  수보리야, 그대는 어떻게 생각하느냐?"

  수보리가 부처님께 말씀드렸습니다.
  "세존이시여, 여래께서 설하신 법은 실로

있을 것이 아무것도 없음을 설하신 것뿐이옵
니다."

"수보리야, 그대는 어떻게 생각하느냐? 삼천
대천세계를 이루고 있는 티끌같이 많은 세계
를 많다고 하겠느냐?"

수보리가 대답하였습니다.
"매우 많사옵니다, 세존이시여."

"수보리야, 여래가 말한 수많은 티끌도 티끌
이 아니라고 말하고 세계를 세계가 아니라고
여래는 설하느니라.
　그 까닭은 일체가 다 텅 빈 공적한 무극無極
의 진공장 안에 머물고 있기 때문이다. 그러므
로 여래는 무극無極을 [절대긍정絕對肯定]한 여
시如是를 설하고 있기 때문이니라.

수보리야, 그대는 어떻게 생각 하느냐?

서른두(32) 가지 상을 가지고 [여래如來]라고 볼 수 있겠느냐?"

"없습니다, 세존이시여.

서른두 가지 상을 가지고는 여래를 볼 수 없습니다. 왜냐하면 여래께서는 분명히 32상과 80종호를 두루 다 갖추고 계십니다. 하지만 신체적 상호를 가지고 말씀을 하신 상호가 아니라 저 십조분의 일 밀리(1mm)인 입자粒子분의 [-18승]에 있는 마음의 파편인 심자분의 [-21승]에 있는 청정 법신을 가지고 말씀하셨기 때문입니다."

"수보리야, 어떤 선남자 선여인이 항하의 모래 수만큼 자기 목숨을 남에게 보시를 했다고 하자. 또 어떤 사람은 이 경의 사구게만을 받아

가지고 다른 사람을 위해 해설해 주었다고 하
자. 그렇게 했다면 그 복은 저 항하강의 모래
수만큼 목숨을 보시한 사람의 복보다도 더욱
많으리라."

14. 이상적멸분離相寂滅分
모든 상을 멀리 떠난 적멸 분

그때 수보리가 이『금강경金剛經』설하심을 듣고 경의 뜻을 깊이 깨닫고는 너무나 감격하여 눈물을 흘리면서 부처님께 여쭈었습니다.

"참으로 신비롭고 경이롭습니다, 세존이시여. 제가 지금까지 얻은 혜안으로는 부처님께서 이같이 깊이 있는 경전 설하심을 들어본 적이 없습니다.

세존이시여, 만일 어떤 사람이 이 경전의 말씀을 듣고 청정한 믿음을 가지게 되면 단박에

여래 묘각妙覺의 빛 각성覺性의 지혜智慧가 일어
날 것입니다.

 이런 사람은 가장 경이로운 공덕을 성취할
것임을 알아야 할 것입니다.

 세존이시여, 저 [묘각妙覺의 빛 각성覺性]의
지혜라고 하는 것은 [무극無極의 절대부정絶對
否定]을 [절대긍정絶對肯定]을 한 [십여시十如是]
로서 여래如來께서는 구경각究竟覺의 눈 불안佛
眼으로 보시고 다 말씀을 하셨습니다.

 세존이시여, 제가 지금 이와 같은 경전을 듣
고서 믿고 이해하고 받아 지니기는 어렵지 않
습니다.

 그러나 저 미래에 오백 년 뒤에라도 어떤 중
생이 이 경전을 듣고서 믿고 이해하고 받아 가
진다면 이 사람은 가장 놀랍고 가장 경이로운

사람입니다.

　왜냐하면 이 사람은 내가 있다고 고집을 하는 [아상我相]과 내가 제일이라고 하는 [인상人相]과 자타를 분별하는 [중생상衆生相]과 생명을 애착하는 [수자상壽者相]이 있을 수가 없기 때문입니다.

　그 까닭은 자기 자신의 내면에 깨어 있는 각성覺性을 본 사람은 [사상四相]을 공중에 뜬 구름처럼 이미 다 보고 있기 때문입니다."

　부처님께서 수보리에게 말씀을 하셨습니다.

　"그렇고, 그렇다. 만일 어떤 사람이 이 경전을 듣고 놀라지도 않고 두려워하지도 않는다면 이 사람은 매우 놀라운 사람인 줄을 알아야 하느니라.

　왜냐하면 수보리야,

여래는 더 이상 없는 바라밀을 최상의 바라밀이 아니라 하고, 더 이상 없는 육바라밀의 법도 더 이상 없는 바라밀이 아니라고 하느니라.

왜냐하면 저 모든 바라밀도 다 묘각의 빛 각성의 거울에 비추어진 그림자일 뿐이기 때문이니라.

수보리야, 인욕바라밀도 여래는 묘각의 거울에 비추어진 환상이므로 인욕바라밀이 아니라고 설하였느니라.

왜냐하면 수보리야,

내가 옛적에 가리왕에게 온몸을 가리가리 찢길 때에도 나라고 하는 생각이나 내가 사람이란 생각이나 저들은 중생이라고 하는 생각이나 목숨을 아끼는 생각이 추호도 없었느니라.

그 까닭은 내면에 밝게 깨어 있는 각성의 거울로 일체를 두루 다 비추어 보고만 있었기 때

문에 성내고 원망하는 마음의 구름이 일절 일
어날 수가 없었기 때문이니라."

　"수보리야, 여래는 과거 오백생 동안 인욕바
라밀을 수행할 때에도 내다, 남이다, 나는 중생
이다, 그리고 목숨을 애착하는 마음도 모두 다
깨어 있는 각성覺性의 눈으로 주시만 하였기 때
문에 일절 원망하고 저주하는 마음이 없었느
니라.

　그러므로 수보리야,
　보살은 모든 집착을 떠나서 가장 높고 바른
'묘각의 빛 각성'의 눈으로 모든 형색을 지켜만
보는 [각관覺觀]의 지혜가 있어야 하느니라.
　그러므로 소리나 냄새나 맛이나 감촉 같은
감성을 모두 지켜만 보는 [각관覺觀]의 지혜로
수행을 해야만 하느니라.

만약 수행자가 마음의 감성인 식심識心 쪽으로 빠지게 된다면 그것은 올바른 구도자의 길로 갈 수가 없느니라.

그러므로 보살은 어떠한 형색에도 집착이 있을 수가 없는 '묘각의 빛 각성의 눈으로 보시를 해야 한다'고 여래는 늘 말을 해 왔느니라.

수보리야, 보살은 모든 중생을 이롭게 하기 위하여 이와 같이 보시를 행해야 한다.

여래는 일체 모든 현상이 있고 없음을 두루다 지켜만 보는 자이므로 또한 일체중생이란 말도 꼭 이 중생을 지칭한 말은 아니다.

수보리야, 여래는 묘각의 빛 각성에 드러난 진실을 말하는 자이며 각성에 비추어진 진리를 말하는 자이며 십여시十如是를 말하는 자로서 저 중생들이 식심분별로 말을 하는 미친 헛소리가 아니므로 사실과 다른 말을 하지 않는 자이다.

수보리야, 여래가 깨달은 법이란 것도 모두가 다 묘각의 빛 각성의 거울에 비추어진 그림자와 같으므로 진실하지도 허망하지도 않느니라.

수보리야, 만약에 보살이 식심분별의 마음을 가지고 보시를 행하게 되면 마치 사람이 캄캄한 암실에서 그 무엇도 보지를 못하는 것과 같고, 만약에 보살이 식심분별의 마음의 속성을 여의고 보시를 행하게 되면 마치 눈 밝은 사람이 밝은 태양 빛 아래서 일체의 세상 만상을 환히 다 보는 것과 같으니라.

수보리야, 앞으로 올 세상에 만약 순진무구한 선남자 선여인이 충분히 이 『금강경』을 받아 가지고 읽고 외우는 자가 있으면 곧 여래는 저들을 불안佛眼으로 다 보고 다 앎으로 저들은 무량무변의 공덕을 다 성취할 것을 다 보고 다 아느니라.”

15. 지경공덕분持經功德分
경전을 가지는 공덕 분

"수보리야! 만약 어떤 선남자 선여인이 아침에도 갠지스 강의 모래 수만큼의 중생에게 몸을 바쳐서 보시를 하고, 또 낮에도 갠지스 강의 모래 수만큼의 몸을 바쳐 보시하고, 저녁에도 또 갠지스 강의 모래 수만큼의 몸을 바쳐서 보시를 하였다고 하자.

이렇게 하기를 한량없는 백천만억 겁이라는 긴 시간 동안 몸을 바쳐 보시를 하였다 하더라도 어떤 사람이 이 경전을 듣고 잠깐 믿는 마음을 내어 수지를 하였다면 이 사람의 복덕이 앞 사람이 목숨을 바쳐서 보시를 한 복덕보다도 훨씬 더 많으리라.

그런데 하물며 이 경을 베껴 쓰고 받아 지니고 읽고 외워서 다른 사람에게 설명까지 해 주었다면 이 사람의 공덕을 더 말해 무엇 하겠느냐?"

"요컨대 수보리야, 이 경은 불가사의하며 헤아릴 수도 없고 끝도 없는 공덕을 지니고 있는 [경전經典]이니라.

여래는 저 소승들이 부질없는 마음을 깨닫고자 하는 [오도吾道]가 아닌 [묘각妙覺의 빛 각성覺性]을 깨닫고자 희망하는 대승의 마음을 낸 이들을 위해서 이 경을 설하고 또 최상승인 [묘각의 빛 각성]을 성취하고자 하는 이를 위해서 이 경을 설하느니라.

만약 어떤 사람이 이 경을 받아 지니고 읽고

외워서 널리 다른 사람들에게 설명을 한다면, 여래는 이 사람이 하는 일을 다 보고 다 아느니라.

이 사람은 헤아릴 수 없고, 말로 다 할 수도 없으며, 또한 끝도 없는 불가사의한 공덕을 성취할 것이니라.

이와 같은 사람은 즉시 여래의 아뇩다라삼먁삼보리를 능히 받들어 수행을 해서 성취할 수가 있느니라."

"왜냐하면 수보리야, 작은 법을 좋아하는 소승에 흡족해 하는 자는 아견·인견·중생견·수자견에 집착을 하기 때문에 이 경을 들으려고도 하지 않을 뿐더러 혹 경전을 본다고 해도 받아들이지를 못한다. 그러므로 스스로 읽고 외워서 다른 사람들에게 옳게 설명해 줄 수도 없을 것이다.

수보리야, 어디든지 이 경이 있는 곳이라면

일체 세간의 하늘과 신과 인간과 아수라가 기꺼이 공양을 올려야 할 것이니라.

마땅히 알라. 이 경전이 있는 곳은 부처님의 탑묘가 있는 곳과 같으니라. 그러므로 응당 모두가 공경하여 예배드리며 그 주위를 돌면서 온갖 꽃과 향을 경전에 뿌려야 하느니라."

16. 능정업장분能淨業障分
충분히 업장을 맑히는 분

"또 수보리야, 선남자 선여인이 이 경을 받아 지니고 읽고 외우고 하는 데도 이상하게 남들로부터 가볍게 업신여김을 당하고 천대를 받는다면, 이런 사람은 과거세에 지은 중한 업장으로 현생에 남들로부터 경시를 당하고 천대를 받는 것이지만 이제 그 인연으로 과거세에 지은 모든 중한 죄장이 즉시에 다 소멸되느니라.

그러므로 마땅히 내세에는 아뇩다라삼먁삼보리를 얻게 될 것이니라."

"수보리야, 내가 옛날에 있었던 일을 기억해 보니 과거 헤아릴 수 없는 아승기겁 동안 연등부처님을 만나기 이전에도 팔백사천만억 나유타의 수많은 부처님을 만나서 모든 부처님께 공양을 올리고 받들어 모시었다. 그렇게 공양 올리기를 잠시도 그냥 지나친 적이 없었느니라.

만약 어떤 사람이 훗날 말세에 이 경을 받아 지니고 읽고 외워서 얻게 될 그 공덕을 내가 과거세에 그 많은 부처님들께 공양을 올려서 얻은 공덕에 비교한다면 그 공덕에 백분의 일, 천만분의 일, 아니 그 어떤 숫자의 비유로도 결코 내가 지은 공덕은 지금 이『금강경金剛經』을 얻어 본 사람의 공덕에는 비교가 될 수 없느니라."

"수보리야, 만약 선남자 선여인이 먼 훗날 말

세에 이 경전을 받아 지니고 읽고 외울 경우에 그 얻게 될 공덕에 대하여 내가 세월없이 그 공덕을 말한다고 해도 그 공덕은 헤아릴 수가 없느니라. 혹 어떤 사람은 지금 내가 말하는 경의 공덕 이야기를 듣고 의심이 많은 여우처럼 마음이 뒤집혀서 믿지 않을 것이다."

"수보리야, 마땅히 알거라. 이 경의 뜻은 불가사의하며, 수지 독송을 한 그 공덕의 과보 또한 불가사의하니라."

17. 구경무아분究竟無我分
구경에는 내가 없는 분

이때 수보리가 부처님께 말씀 드렸습니다.

"세존이시여,
아뇩다라삼먁삼보리를 구하는 마음을 낸 선 남자 선여인은 어떻게 수행을 해야 하고 어떻 게 그 마음을 항복 받아야만 합니까?"

부처님께서 수보리에게 말씀하셨습니다.

"아뇩다라삼먁삼보리를 구하는 선남자 선여

인은 반드시 이와 같이 그 마음을 발해야 한다. 내가 마땅히 일체중생을 다 열반에 들게 하겠다는 원을 세워서 '일체중생을 다 사상四相이 없는 열반에 들도록 제도를 했다' 하여도 '실제로는 열반에 들게 한 중생은 단 한 명도 있을 수가 없다' 하라.

왜냐하면 모두 주체자라고 하는 사상四相을 소멸시켰을 뿐이기 때문이다. 그리고 또 만약 보살이 내가 중생을 다 제도하였다는 생각을 가졌다면 그에게는 아직도 아상我相·인상人相·중생상衆生相·수자상壽者相이 남아 있는 것이 된다.

보살이란 이름은 사상四相이 전무한 자를 보살이라 이름 하기 때문이니라.

그 까닭은 무엇인가?
수보리야, 아뇩다라삼먁삼보리는 버리고 버

려서 마침내 얻어지는 법의 무극無極의 절대긍
정사絕對肯定詞 [십여시十如是]일 뿐이다.

그러므로 구하고 바라서 얻어지는 [십여시十
如是]는 절대 아니니라.

다만 버리고 버려서 얻을 것이 아무것도 없
음을 얻었을 뿐 구하여 얻게 되는 어떠한 법이
있을 수가 없기 때문이니라."

"수보리야, 너는 어떻게 생각하느냐?
여래가 연등부처님 계신 곳에서 아뇩다라삼
먁삼보리를 얻었다고 할 만한 어떤 법이 있었
겠느냐?"

"아니옵니다, 세존이시여.
제가 부처님께서 설하신 말씀의 뜻을 이해하
기로는 부처님께서 연등불 계신 곳에서 얻으
신 아뇩다라삼먁삼보리 법은 곧 아무것도 얻

을 것이 없는 법을 얻은 것뿐입니다. 실로 무엇을 얻을 법이 있었던 것은 아닙니다."

부처님께서 말씀하셨습니다.

"참으로 그렇고 그렇다, 수보리야.
여래가 아뇩다라삼먁삼보리를 얻는다고 하는 법은 법의 실상이 본래로 공적한 것이므로 어떤 실체가 전연 없느니라.
수보리야, 만약 여래가 아뇩다라삼먁삼보리를 얻을 수 있는 어떤 실재의 법이 있다고 한다면, 연등부처님께서 나에게 '너는 다음 세상에 반드시 부처가 되리니 그 이름을 석가모니라 하리라'고 하는 수기를 내리시지 않았을 것이다.
진실로 아뇩다라삼먁삼보리를 얻는다고 하는 어떤 법의 실상은 본래로 아무것도 없기 때문에, 연등부처님께서 나에게 수기를 주시며 말씀하시길 [너는 다음 생에 반드시 얻을 것이 아무것도 없는 아뇩다라삼먁삼보리를 성취한 부처가 되리니 그 이름을 석가모니라 하리라]고 하셨던 것이다.

왜냐하면 여래가 설하는 모든 법은 절대부정의 무극을 다시 한 번 절대긍정을 한 [십여시+如是]이기 때문이다.

만약에 어떤 사람이 여래가 아뇩다라삼먁삼보리를 얻었다고 말을 한다면 수보리야, 부처가 아뇩다라삼먁삼보리를 얻을 법이 실제로 있었겠느냐?

만약 있다고 생각을 한다면 그것은 무극無極의 절대긍정사 [십여시+如是]를 얻은 것밖에는 아무것도 없었느니라."

"수보리야, 그래서 여래가 얻은바 아뇩다라

삼먁삼보리는 진실됨도 헛됨도 없는 곧 [여시如是]일 뿐이니라.

그러므로 [여래如來]는 일체 법을 무극無極의 절대긍정사絕對肯定詞 [십여시十如是]를 설했을 뿐이다.

수보리야, 말한바 일체의 법이라고 이름 하는 것은 곧 일체를 두루 다 드러내어 보여주는 [묘각妙覺의 빛 각성覺性]에 비추어진 그림자일 뿐이므로 법이 아니라고 말을 했을 뿐이니라."

"수보리야, 비유하건대 사람의 몸이 아주 큰 것과 같으니라."

수보리가 말씀을 올렸습니다.

"세존이시여, 여래께서 사람의 몸이 아주 크다고 말씀을 하신 것은 중생의 육신의 몸이 아닌 저 무변허공계를 두루 다 머금고 있는 [묘각의 빛 각성]의 몸 법신을 큰 몸이라고 이름하신 것입니다."

"수보리야,

보살도 또한 이와 마찬가지다. 만약 '나는 마땅히 한량없는 중생들을 열반에 다 들도록 제도한다'고 말을 한다면 그는 보살이라 이름 할 수 없다.

왜냐하면 수보리야, 보살은 [묘각의 빛 각성]의 몸이라서 언설문자로는 어떻게도 이름 할 수가 없는, 다만 아무것도 없는 무상無相의 몸이기 때문이다.

그러므로 여래는 일체의 법이 무아無我이며, 무인無人이며, 무중생無衆生이며, 무수자無壽者임을 다 보느니라."

"수보리야, 만약 보살이 '나는 반드시 불국토를 장엄하리라'고 말을 한다면 그를 보살이라 이름 할 수가 없다.

왜냐하면 여래가 불국토를 장엄할 그 무엇이 있어서 장엄을 한다고 말한 것이 아니라 '실재로 장엄을 할 그 무엇이 없음을 구족함'을 장엄이라 말을 한 것뿐이다. 왜냐면 '공적한 적멸寂滅의 무아無我 실현의 육바라밀'을 장엄이라고 말하기 때문이니라."

"수보리야, 만약 보살이 '내가 없는 무아법을 실현한다'고 말을 한다면 여래는 이를 참다운 보살이라 이름 하리라."

18. 일체동관분一體同觀分
일체를 각성覺性의 눈으로 보는 분

"수보리야, 어떻게 생각하느냐? 여래는 육안
肉眼이 있느냐?"

"그렇습니다, 세존이시여. 여래께서는 육안
肉眼이 있습니다."

"수보리야, 어떻게 생각하느냐? 여래는 천안
天眼이 있느냐?"

"그렇습니다, 세존이시여. 여래께서는 천안
天眼이 있습니다."

"수보리야, 어떻게 생각하느냐? 여래는 혜안
慧眼이 있느냐?"

"그렇습니다, 세존이시여. 여래께서는 혜안
慧眼이 있습니다."

"수보리야, 어떻게 생각하느냐? 여래는 법안
法眼이 있느냐?"

"그렇습니다, 세존이시여. 여래께서는 법안
法眼이 있습니다."

"수보리야, 어떻게 생각하느냐? 여래는 불안
佛眼이 있느냐?"

"그렇습니다, 세존이시여. 여래께서는 불안
佛眼이 있습니다."

"수보리야, 어떻게 생각하느냐? 여래가 저
갠지스 강의 모래에 대해서 말한 적이 있느

냐?"

"그렇습니다, 세존이시여. 여래께서는 갠지스 강의 모래에 대해서 말씀하셨습니다."

"수보리야, 어떻게 생각하느냐?

저 갠지스 강의 모래알 숫자만큼의 갠지스 강들이 있고, 그 모든 갠지스 강들의 모래알 숫자만큼의 부처님 세계가 있다면, 이와 같은 불세계는 참으로 많지를 않겠느냐?"

"그렇습니다, 세존이시여. 참으로 많습니다."

부처님께서 수보리에게 말씀하셨습니다.

"이렇게 많은 부처님 세계 속에 살고 있는 모든 중생들의 갖가지 마음들을 여래는 다 보고 다 아시느니라.

왜냐하면 여래가 보시는 불안은 중생의 마음의 눈인 육안이 아니니라.

그러므로 묘각의 눈인 불안은 있고, 없고, 있지도 없지도 않은 것을 두루 다 보고 다 알기 때문이니라."

"어째서 그러한가? 수보리야.
중생들은 과거의 마음도 얻어 볼 수가 없고, 현재의 마음도 얻어 볼 수가 없으며, 미래의 마음도 얻어 볼 수가 없느니라.
왜냐하면 저 중생들의 육안은 마음을 볼 수가 없기 때문이다. 오직 묘각의 눈인 불안佛眼은 삼세로 뒹굴고 있는 중생들의 마음을 마치 거울에 비추어진 그림자처럼 환히 다 보고 다 아느니라."

19. 법계통화분法界通化分
법계에 두루 통달하게 되는 분

"수보리야, 어떻게 생각하느냐?

만약 어떤 사람이 삼천대천세계에 칠보를 가득 채워 보시를 한다면 이 사람이 보시를 한 인연으로 얻을 수 있는 복덕이 많다고 하겠느냐?"

"그렇습니다, 세존이시여.

이 사람은 이러한 인연으로 얻을 수 있는 복덕이 참으로 많다고 하겠습니다."

"수보리야,

만약 복덕이라는 것이 실체가 있다면 여래는 결코 복덕을 얻음이 많다고 말하지 않았을 것이다.

복덕성이라는 것은 본래로 실체가 없기 때문에 여래는 복덕을 얻음이 많다고 말을 하는 것이니라."

20. 이색이상분離色離相分
색상을 떠나고 모양을 떠나는 분

"수보리야, 어떻게 생각하느냐?

부처를 잘 갖추어진 육신의 모습으로 볼 수 있겠느냐?"

"아닙니다, 세존이시여.

결코 여래를 잘 갖추어진 육신의 모습으로는 볼 수가 없습니다.

왜냐하면 여래께서 말씀하신 잘 갖춰진 육신이라는 것은 곧 실체로서의 잘 갖춰진 육신을 말하는 것이 아닌 저 청정묘각淸淨妙覺의 빛 각성覺性의 몸 법신法身을 잘 갖춰진 몸이라 이름 하기 때문입니다."

"수보리야, 어떻게 생각하느냐?
여래를 거룩한 상호를 갖춘 모습으로 볼 수 있느냐?"

"아닙니다, 세존이시여.
결코 여래를 거룩한 상호를 갖춘 모습으로는 볼 수가 없습니다.
왜냐하면 여래께서 말씀하신 거룩한 상호를 갖춘 모습이라는 것은 실재의 육신의 몸이 아니라 지극히 청정한 몸 묘각의 빛 각성의 몸 법신을 거룩한 상호를 갖춘 모습이라 이름 하기 때문입니다."

21. 비설소설분非說所說分
설하고 말고 할 것도 없는 분

"수보리야, 너는 나 여래가 '나는 마땅히 법을 설한 바가 있다'라는 생각은 하지를 말라.

왜냐하면 만약 어떤 사람이 '여래께서 법을 설한 바가 있다'라고 말을 한다면 그는 내가 설한 바의 법문이 모두 공적한 실상을 설한 그 뜻을 이해하지 못했을 뿐만 아니라 오히려 부처를 비방하는 망언이 되기 때문이다."

"수보리야, 부처가 법을 설한 바가 있다면 마치 하늘이 스스로 나는 하늘이요, 대지는 나는 대지요, 바다는 나는 바다요, 꽃이 나는 꽃이요 하고 저마다 제 이름을 스스로 밝혔다는 망언과 똑같아지느니라.

이와 마찬가지로 여래는 본래로 말할 수가 없는 이름들을 언설 문자로 의사소통을 하는 저 중생들에게 설한 것뿐이니라."

이때 지혜의 눈으로 [묘각妙覺의 빛 각성覺性]을 본 혜명慧命 수보리가 부처님께 여쭈었습니다.

"세존이시여, 미래의 세상에서 누가 이 같은 법문 설하심을 듣고 믿음을 가질 중생들이 과연 있겠습니까?"

부처님께서 말씀하셨습니다.

"수보리야, 그들은 중생도 아니고 중생이 아닌 것도 아니다. 어째서 그러한가? 다만 이 모두는 다 묘각妙覺의 빛 각성覺性의 거울에 비추어진 그림자들일 뿐이기 때문이니라.

수보리야, 여래의 불안佛眼으로 본다면 중생이라는 것이 어떤 실체로서의 중생이 있어서가 아니고 단지 그 이름을 중생이라고 설한 것뿐이니라."

22. 무법가득분無法可得分
얻을 수가 없는 무법을 얻는 분

수보리가 부처님께 말씀을 올렸습니다.

"세존이시여, 부처님께서 아뇩다라삼먁삼보리를 얻었다고 하는 것은 있고 없음을 다 여의고 버려서 얻으실 그 무엇도 없는 묘각의 빛 각성을 얻으신 것뿐입니다."

부처님께서 말씀하셨습니다.

"참으로 그렇고 그렇다, 수보리야.

여래는 아뇩다라삼먁삼보리에 대해서는 얻을 수 있는 법이 조금도 있을 수가 없음에 이르렀기에 이것을 '아뇩다라삼먁삼보리'라고 이름 한 것뿐이니라."

23. 정심행선분淨心行善分
청정심淸淨心을 잘 행하는 분

"또한 수보리야, 아무것도 얻을 것도 없는 이 법은 평등하여 조금도 높고 낮음이 없기 때문에 '아뇩다라삼먁삼보리'라고 이름을 한다.

만약에 나라는 아상과 내가 사람이라고 하는 인상과 자타를 분별하는 중생상과 목숨을 아끼는 수자상이 전연 없는 모든 공적한 법을 잘 닦으면 누구나 다 아뇩다라삼먁삼보리를 얻게 되느니라."

"수보리야, 말하기를 '잘 한다'고 하는 [선善]

한 법도 여래는 '선한 법의 실체가 없다'고 설한다. 실체가 없음의 이름을 [선善]한 법이라 하느니라."

24. 복지무비분福智無比分
비길 데도 없는 복과 지혜 분

"수보리야,

만약 어떤 사람이 삼천대천세계에 있는 모든 수미산들을 합쳐 놓은 것만큼의 칠보로 보시를 한다 하더라도 만약 어떤 사람이 『금강반야바라밀경金剛般若波羅密經』의 문장이나 사구게 등을 받아 가지고 읽고 외워서 다른 사람에게 설해 준다면, 그 복은 마치 미진의 진공 속에 무량한 세계가 다 들어가듯이 앞에서 비유한 복덕과 비교를 해보면 백분의 일에도 미치지 못하고 백천만억분의 일에도 미치지를 못

한다.

　더더욱 어떤 숫자의 비유로도 충분히 미치지
를 못하느니라."

25. 화무소화분化無所化分
교화를 하고 말고 할 것도 없는 분

"수보리야, 어떻게 생각하느냐?

너희는 여래가 '나는 마땅히 중생을 다 제도하리라'라는 생각을 한다고 말하지 말라.

수보리야, 이와 같은 생각을 해서는 안 된다. 왜냐하면 실제로 청정 묘각인 여래는 제도할 중생이 하나도 없기 때문이니라.

만약 청정 묘각인 여래가 제도할 중생이 있다면 여래에게도 곧 아상·인상·중생상·수자상이 있는 꼴이 되기 때문이니라."

"수보리야, 여래가 내가 있다고 설하는 것은 내가 실로 있는 것이 아니지만 저 범부들은 내가 있다고 생각을 하기 때문에 나도 내가 있다고 말을 한 것뿐이니라."

"수보리야, 범부라고 하는 것도 여래의 불안으로 보면 모두가 부처님으로 보인다. 그러므로 곧 범부가 아니지만 여래는 사상을 구족한 범부가 있으므로 범부라 이름 한 것뿐이니라."

26. 법신비상분法身非相分
청정법신은 어떤 형색이 아닌 분

"수보리야, 어떻게 생각하느냐?
32상으로 여래를 볼 수가 있느냐?"

수보리가 대답하였습니다.
"아니옵니다, 세존이시여. 32상으로는 여래를 볼 수가 없습니다."

(원문: 그러하옵니다. 32상으로 여래를 봅니다.)

부처님께서 말씀하셨습니다.

"수보리야, 만약 32상으로 여래를 볼 수가 있다면 전륜성왕도 32상을 다 갖추고 있으므로 곧 여래라 할 것이니라."

수보리가 부처님께 말씀 드렸습니다.

"세존이시여, 부처님께서 설하신 바의 뜻을 저는 잘 이해하고 있습니다.
32상으로는 청정 묘각의 빛 각성의 몸인 여래의 법신을 볼 수 없습니다."

이때 세존께서 게송으로 읊으시었습니다.

[나 여래를 형색으로 보려고 하거나
  음성으로 여래를 찾는다면,
  이 사람은 잘못된 길로 가는 사람이라
  충분히 묘각의 빛 각성을 보지 못하리라.]

若以色見我 나를 형색으로 찾거나
약 이 색 견 아

以音聲求我 나를 음성으로 구한다면
이 음 성 구 아

是人行邪道 이 사람은 사도행자라
시 인 행 사 도

不能見如來 능히 여래를 못 보리라
불 능 견 여 래

※ 필자는 한문 원문에서 수보리는 32상으로 여래를 본다
　고 하였으나 실제로는 32상으로 여래를 볼 수 없음을
　알고 있었다고 합니다.

27. 무단무멸분無斷無滅分
무극은 단멸이 아닌 분

"수보리야, 네가 만약 '여래가 32상과 80종호를 구족한 까닭으로 아뇩다라삼먁삼보리를 얻은 것이 아니다'라는 생각을 한다면 그런 생각은 하지를 마라."

"수보리야, 너는 '아뇩다라삼먁삼보리를 구하는 사람은 모든 법이 끊어져서 아무것도 없음이 되어야만 한다'는 단멸의 견해도 갖지를 말거라.

왜냐하면 아뇩다라삼먁삼보리의 마음을 낸

사람은 일체의 법에 있어서 아주 아무것도 없는 무극의 단멸에 들어간다는 소견을 말하는 것이 아니기 때문이다.”

"허공에 뜬 구름은 사라졌어도 청명한 허공은 늘 그대로 있음과 똑같이 묘각의 빛 각성은 항상 그대로 있느니라.”

28. 불수불탐분不受不貪分
받아들임이 아닌 것을 탐하지 않는 분

"수보리야, 만약 어떤 보살이 '갠지스 강의 모래 숫자만큼의 세계에 칠보를 가득 채워서 보시를 하였다'고 하다면, 그리고 또 만약 어떤 사람이 '일체의 법이 본래로 실체가 없는 무아이므로 생멸이 본래 있을 수가 없음을 깨달았다'면 이 보살은 앞의 보시로 얻은 공덕보다도 훨씬 더 수승하게 되느니라.

수보리야, 왜냐하면 모든 보살들은 복덕을 받고 말고 할 수가 있는 몸이 아닌 청정법신이기 때문이니라."

수보리가 부처님께 여쭈었습니다.

"세존이시여, 어째서 보살이 복덕을 받지 않습니까?"

"수보리야, 보살은 응당 지은바 복덕에 탐하고 애착하지 않는 몸이기 때문이다. 그러므로 보살은 복덕을 받지 않는다고 말하는 것이니라.

저 높은 하늘에 높이 뜬 태양은 일체에 두루 주는 것밖에 없는 것과 같은 법신이기 때문이니라."

29. 위의적정분威儀寂靜分
맑고 밝은 품위를 갖추는 분

"수보리야, 만약 어떤 사람이 '여래는 가기도 하고 오기도 하며, 앉기도 하고 눕기도 한다'고 말을 한다면 이 사람은 나의 가르침을 전혀 이해하지 못한 것이다. 왜냐하면 여래는 어디로부터 오거나 어디로 가는 바의 몸이 아니기 때문이다.

그러므로 저 무변허공계처럼 본래로 오고 갈 데가 없는 몸을 여래라고 이름 하기 때문이니라."

30. 일합이상분 – 合理相分
공색이 하나의 모양인 분

"수보리야, 만약 선남자 선여인이 삼천대천
세계를 부수어 작은 티끌로 만든다면 이 티끌
들이 많다고 하겠느냐?"

"참으로 많습니다, 세존이시여.
왜냐하면 저 티끌들도 필경 진공으로 다 돌
아가고 나면 실체가 전혀 없습니다. 그러므로
실제로 있을 수가 있는 것이라면 부처님께서
는 티끌이라고 말씀하시지도 않았을 것입니다.
부처님께서 말씀하신 티끌이란 본래 티끌이

아닌 진공眞空이기 때문입니다.

　세존이시여, 여래께서 말씀하시는 삼천대천 세계도 곧 실재의 세계가 아니기 때문에 세계라고 이름 하는 것입니다.

　왜냐하면 만약 세계가 실재로 있는 것이라면 그것은 공색空色이 하나로 뭉쳐진 진공일 뿐입니다. 그러므로 여래께서 말씀하시는 하나로 합쳐진 모습도 실체가 없으므로 다만 하나로 합쳐진 모습이라고 이름 하는 것뿐입니다."

　"수보리야, 하나로 합쳐진 모습이라는 것은 말할 수 없는 무극이건만 저 범부들은 저 모든 현상에 집착을 한 것뿐이니라."

31. 지견불생분智見不生分
생멸이 없는 지견 분

"수보리야,

어떤 사람이 '부처님께서 아견·인견·중생견·수자견이 실제로 있다고 설하셨다고 누가 말한다면, 수보리야, 어떻게 생각하느냐?

이 사람은 내가 말한 뜻을 이해했다고 말할 수가 있겠느냐?"

"세존이시여, 이 사람은 여래가 말씀하신 뜻을 전혀 이해하지 못하였습니다.

왜냐하면 세존께서 말씀하신 아견·인견·중

생견·수자견은 모두 묘각의 빛 각성의 거울에 비추어진 티끌 같은 환상들을 말씀하신 것뿐이기 때문입니다."

"수보리야, 아뇩다라삼먁삼보리의 마음을 낸 사람은 모든 법에서 응당 네가 말한 바와 같이 알고, 그와 같이 보며, 그와 같이 믿고, 그와 같이 이해를 해야 한다.

그러므로 법이라는 관념에 절대로 사로잡히지도 말아야 한다.

수보리야, 이른바 법의 모습이라고 하는 것은 법의 모습의 실체가 없음을 여래가 설한 것이니라."

32. 응화비진분應化非眞分
반연의 현상은 진실이 아닌 분

"수보리야, 만약 어떤 사람이 헤아릴 수 없이 많은 아승기 세계를 칠보로 가득 채워서 보시를 한다 하더라도,

만약 선남자 선여인이 보살원을 발해서 이 경전의 사구게 하나만이라도 받아 지니고 읽고 외워서 다른 사람들에게 설하여 준다면, 그 복덕이 앞의 복덕보다도 더 수승하니라.

그러면 다른 사람에게 어떻게 설해 주어야 하는가?

나는 선행을 한다는 행색을 절대로 취하지 말아라. 모든 것은 그냥 있는 그대로가 모두 진실이다. 어째서 그러한가?"

"드러난 모든 것은 꿈과 같고 환영과 같고, 물거품 같고 그림자 같고, 이슬과 같이 잠깐 있다가 금방 사라지는 번갯불과 같은 것임을 마땅히 알아 차려야 하네."

一切有爲法 일체 생멸이 있는 법은
일 체 유 위 법

如夢幻泡影 꿈과 같고 물거품 같고
여 몽 환 포 영

如露亦如電 이슬 같고 전기 불 같아라
여 로 역 여 전

應作如是觀 응당 이렇게 관찰을 하라
응 작 여 시 관

부처님께서 이 경을 설하여 마치시자 장로

수보리와 그 자리에 있던 모든 비구 비구니, 우바새 우바이 그리고 일체 세간의 하늘신과 인간과 아수라가 부처님께서 설하신 가르침을 듣고 모두 크게 기뻐하였습니다.

　모두 『금강반야바라밀경金剛般若波羅密經』을 굳게 믿고, 진실하게 받아들여서, 실천 봉행을 하였습니다.

終

말하는 동산[說園] 千明一 合掌

金剛般若波羅密經
금강반야바라밀경

(요진 삼장법사 구마라습 역)

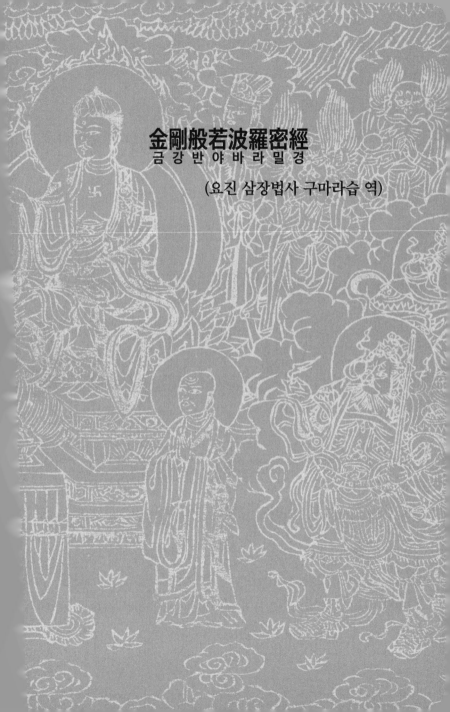

정구업진언
淨口業眞言

수리수리 마하수리 수수리 사바하 (3번)

오방내외안위제신진언
五方內外安慰諸神眞言

나무 사만다 못다남 옴 도로도로 지미 사바하 (3번)

개경게
開經偈

무상심심미묘법　백천만겁난조우
無上甚深微妙法　百千萬劫難遭隅

아금문견득수지　원해여래진실의
我今聞見得修持　願解如來眞實義

개법장진언
開法藏眞言

옴 아라남 아라다 (3번)

법회인유분 제일
法會因由分 第一

여시아문 일시 불 재사위국 기수급고독
如是我聞 一時 佛 在舍衛國 祇樹給孤獨

원 여대비구중 천이백오십인 구
園 與大比丘衆 千二百五十人 俱

이시 세존 식시 착의지발 입사위대성 걸
爾時 世尊 食時 着衣持鉢 入舍衛大城 乞

식 어기성중 차제걸이 환지본처 반사흘
食 於其城中 次第乞已 還至本處 飯食訖

수의발 세족이 부좌이좌
收衣鉢 洗足已 敷座而坐

선현기청분 제이
善現起請分 第二

시 장로수보리 재대중중 즉종좌기 편단
時 長老須菩提 在大衆中 卽從座起 偏袒

우견 우슬착지 합장공경 이백불언
右肩 右膝着地 合掌恭敬 而白佛言

희유 세존 여래 선호념제보살 선부촉제
希有 世尊 如來 善護念諸菩薩 善付囑諸

보살
菩薩

세존 선남자 선여인 발아뇩다라삼먁삼보
世尊 善男子 善女人 發阿耨多羅三藐三菩

리심 응운하주 운하항복기심
提心 應云何住 云何降伏其心

불언 선재선재 수보리 여여소설 여래 선
佛言 善哉善哉 須菩提 如汝所說 如來 善

호념제보살 선부촉제보살 여금제청 당위
護念諸菩薩 善付囑諸菩薩 汝今諦聽 當爲

여설 선남자 선여인 발아뇩다라삼먁삼보
汝說 善男子 善女人 發阿耨多羅三藐三菩

리심 응여시주 여시항복기심

提 心　應 如 是 住　如 是 降 伏 其 心

유연 세존 원요욕문

唯 然　世 尊　願 樂 欲 聞

대승정종분 제삼
大乘正宗分 第三

불고수보리 제 보살마하살 응여시 항복
佛告須菩提 諸 菩薩摩訶薩 應如是 降伏

기심
其心

소유 일체 중생지류 약난생 약태생 약습
所有 一切 衆生之類 若卵生 若胎生 若濕

생 약화생 약유색 약무색 약유상 약무상
生 若化生 若有色 若無色 若有想 若無想

약비유상 비무상 아개영입 무여열반 이
若非有想 非無想 我皆令入 無餘涅槃 而

멸도지 여시멸도 무량무수 무변중생 실
滅度之 如是滅度 無量無數 無邊衆生 實

무중생 득멸도자
無衆生 得滅度者

하이고 수보리 약보살 유아상 인상 중생
何以故 須菩提 若菩薩 有我相 人相 衆生

상 수자상 즉비보살
相 壽者相 卽非菩薩

묘행무주분 제사
妙行無住分 第四

부차 수보리 보살어법 응무소주 행어보
復次 須菩提 菩薩於法 應無所住 行於布

시 소위부주색 보시 부주성 향 미 촉 법
施 所謂不住色 布施 不住聲 香 味 觸 法

보시 수보리 보살 응여시보시 부주어상
布施 須菩提 菩薩 應如是布施 不住於相

하이고 약보살 부주상보시 기복덕 불가
何以故 若菩薩 不住相布施 其福德 不可

사량
思量

수보리 어의운하 동방허공 가사량부 불
須菩提 於意云何 東方虛空 可思量不 不

야 세존 수보리 남서북방 사유 상하허공
也 世尊 須菩提 南西北方 四維 上下虛空

가사량부 불야 세존
可思量不 不也 世尊

수보리 보살 무주상보시복덕 역부여시
須菩提 菩薩 無住相布施福德 亦復如是

불가사량 수보리 보살 단응여소교주
不 可 思 量 須 菩 提 菩 薩 但 應 如 所 教 住

여리실견분 제오
如理實見分 第五

수보리 어의운하 가이신상 견여래부
須菩提 於意云何 可以身相 見如來不

불야 세존 불가이신상 득견여래
不也 世尊 不可以身相 得見如來

하이고 여래소설신상 즉비신상
何以故 如來所說身相 卽非身相

불고수보리
佛告須菩提

범소유상 개시허망
凡所有相 皆是虛妄

약견제상비상 즉견여래
若見諸相非相 卽見如來

정신희유분 제육
正信希有分 第六

수보리 백불언 세존 파유중생 득문여시
須菩提 白佛言 世尊 頗有衆生 得聞如是

언설장구 생실신부
言說章句 生實信不

불고수보리 막작시설 여래멸후 후오백세
佛告須菩提 莫作是說 如來滅後 後五百歲

유지계수복자 어차장구 능생신심 이차위
有持戒修福者 於此章句 能生信心 以此爲

실 당지시인 불어일불이불 삼사오불 이
實 當知是人 不於一佛二佛 三四五佛 而

종선근 이어무량 천만불소 종제선근 문
種善根 已於無量 千萬佛所 種諸善根 聞

시장구 내지일념 생정신자
是章句 乃至一念 生淨信者

수보리 여래 실지실견 시제중생 득여시
須菩提 如來 悉知悉見 是諸衆生 得如是

무량복덕 하이고 시제중생 무부아상 인
無量福德 何以故 是諸衆生 無復我相 人

상 중생상 수자상 무법상 역무비법상
相 衆生相 壽者相 無法相 亦無非法相

하이고 시제중생 약심취상 즉위착아 인
何以故 是諸衆生 若心取相 卽爲着我 人

중생 수자 약취법상 즉착아 인 중생 수자
衆生 壽者 若取法相 卽着我 人 衆生 壽者

하이고 약취비법상 즉착아 인 중생 수자
何以故 若取非法相 卽着我 人 衆生 壽者

시고 불응취법 불응취비법
是故 不應取法 不應取非法

이시의고 여래상설 여등비구 지아설법
以是義故 如來常說 汝等比丘 知我說法

여벌유자 법상응사 하황비법
如筏喩者 法尚應捨 何況非法

무득무설분 제칠
無 得 無 說 分 第 七

수보리 어의운하 여래득아뇩다라삼먁삼
須 菩 提 於 意 云 何 如 來 得 阿 耨 多 羅 三 藐 三

보리야 여래유소설법야
菩 提 耶 如 來 有 所 說 法 耶

수보리언 여아해불소설의 무유정법 명아
須 菩 提 言 如 我 解 佛 所 說 義 無 有 定 法 名 阿

뇩다라삼먁삼보리 역무유정법 여래가설
耨 多 羅 三 藐 三 菩 提 亦 無 有 定 法 如 來 可 說

하이고 여래소설법 개불가취 불가설 비
何 以 故 如 來 所 說 法 皆 不 可 取 不 可 說 非

법 비비법 소이자하 일체현성 개이무위
法 非 非 法 所 以 者 何 一 切 賢 聖 皆 以 無 爲

법 이유차별
法 而 有 差 別

의법출생분 제팔
依法出生分 第八

수보리 어의운하 약인 만삼천대천세계칠
須菩提 於意云何 若人 滿三千大千世界七

보 이용보시 시인 소득복덕 영위다부
寶 以用布施 是人 所得福德 寧爲多不

수보리언 심다 세존 하이고 시복덕 즉비
須菩提言 甚多 世尊 何以故 是福德 卽非

복덕성 시고 여래설복덕다
福德性 是故 如來說福德多

약부유인 어차경중 수지내지 사구게등
若復有人 於此經中 受持乃至 四句偈等

위타인설 기복승피 하이고 수보리 일체
爲他人說 其福勝彼 何以故 須菩提 一切

제불 급제불 아뇩다라삼먁삼보리법 개종
諸佛 及諸佛 阿耨多羅三藐三菩提法 皆從

차경출 수보리 소위불법자 즉비불법
此經出 須菩提 所謂佛法者 卽非佛法

일상무상분 제구
一相無相分 第九

수보리 어의운하 수다원 능작시념 아득
須菩提 於意云何 須陀洹 能作是念 我得

수다원과부 수보리언 불야 세존 하이고
須陀洹果不 須菩提言 不也 世尊 何以故

수다원 명위입류 이무소입 불입색성향미
須陀洹 名爲入流 而無所入 不入色聲香味

촉법 시명수다원
觸法 是名須陀洹

수보리 어의운하 사다함 능작시념 아득
須菩提 於意云何 斯陀含 能作是念 我得

사다함과부 수보리언 불야 세존 하이고
斯陀含果不 須菩提言 不也 世尊 何以故

사다함 명일왕래 이실무왕래 시명사다함
斯陀含 名一往來 而實無往來 是名斯陀含

수보리 어의운하 아나함 능작시념 아득
須菩提 於意云何 阿那含 能作是念 我得

아나함과부 수보리언 불야 세존 하이고
阿那含果不 須菩提言 不也 世尊 何以故

아나함 명위불래 이실무불래 시고 명아
阿那含 名爲不來 而實無不來 是故 名阿

나함
那含

수보리 어의운하 아라한 능작시념 아득
須菩提 於意云何 阿羅漢 能作是念 我得

아라한도부 수보리언 불야 세존 하이고
阿羅漢道不 須菩提言 不也 世尊 何以故

실무유법 명아라한 세존 약아라한 작시
實無有法 名阿羅漢 世尊 若阿羅漢 作是

념 아득아라한도 즉위착아 인 중생 수자
念 我得阿羅漢道 卽爲着我 人 衆生 壽者

세존 불설아득무쟁삼매인중 최위제일 시
世尊 佛說我得無諍三昧人中 最爲第一 是

제일이욕아라한 세존 아부작시념 아시이
第一離欲阿羅漢 世尊 我不作是念 我是離

욕아라한 세존 아약작시념 아득아라한도
欲阿羅漢 世尊 我若作是念 我得阿羅漢道

세존 즉불설수보리 시요아란나행자 이수
世尊 卽不說須菩提 是樂阿蘭那行者 以須

보리 실무소행 이명수보리 시요아란나행
菩提 實無所行 而名須菩提 是樂阿蘭那行

장엄정토분 제십
莊嚴淨土分 第十

불고수보리 어의운하 여래 석재연등불소
佛告須菩提 於意云何 如來 昔在燃燈佛所

어법 유소득부 불야 세존 여래재연등불
於法 有所得不 不也 世尊 如來在燃燈佛

소 어법 실무소득
所 於法 實無所得

수보리 어의운하 보살 장엄불토부 불야
須菩提 於意云何 菩薩 莊嚴佛土不 不也

세존 하이고 장엄불토자 즉비장엄 시명
世尊 何以故 莊嚴佛土者 卽非莊嚴 是名

장엄
莊嚴

시고 수보리 제보살마하살 응여시생청정
是故 須菩提 諸菩薩摩訶薩 應如是生淸淨

심 불응주색생심 불응주성향미촉법생심
心 不應住色生心 不應住聲香味觸法生心

응무소주 이생기심
應無所住 而生其心

수보리 비여유인 신여수미산왕 어의운하
須菩提 譬如有人 身如須彌山王 於意云何

시신 위대부 수보리언 심대 세존 하이고
是身 爲大不 須菩提言 甚大 世尊 何以故

불설비신 시명대신
佛說非身 是名大身

무위복승분 제십일
無 爲 福 勝 分 第 十 一

수보리 여항하중소유사수 여시사등항하
須菩提 如恒河中所有沙數 如是沙等恒河

어의운하 시제항하사 영위다부 수보리
於意云何 是諸恒河沙 寧爲多不 須菩提

언 심다 세존 단제항하 상다무수 하황기
言 甚多 世尊 但諸恒河 尙多無數 何況其

사 수보리 아금 실언 고여 약유선남자 선
沙 須菩提 我今 實言 告汝 若有善男子 善

여인 이칠보 만이소항하사수 삼천대천세
女人 以七寶 滿爾所恒河沙數 三千大千世

계 이용보시 득복다부 수보리언 심다 세
界 以用布施 得福多不 須菩提言 甚多 世

존 불고수보리 약선남자 선여인 어차경
尊 佛告須菩提 若善男子 善女人 於此經

중 내지수지사구게등 위타인설 이차복덕
中 乃至受持四句偈等 爲他人說 而此福德

승전복덕
勝前福德

존중정교분 제십이
尊重正教分 第十二

부차 수보리 수설시경 내지사구게등 당
復次 須菩提 隨說是經 乃至四句偈等 當

지 차처 일체세간 천 인 아수라 개응공양
知 此處 一切世間 天 人 阿修羅 皆應供養

여불탑묘 하황유인 진능수지독송
如佛塔廟 何況有人 盡能受持讀誦

수보리 당지 시인 성취최상 제일희유지
須菩提 當知 是人 成就最上 第一希有之

법 약시경전 소재지처 즉위유불 약존중
法 若是經典 所在之處 卽爲有佛 若尊重

제자
弟子

여법수지분 제십삼
如 法 受 持 分 第 十 三

이시 수보리 백불언 세존 당하명차경 아
爾 時 須 菩 提 白 佛 言 世 尊 當 何 名 此 經 我

등 운하봉지 불고수보리 시경 명위금강
等 云 何 奉 持 佛 告 須 菩 提 是 經 名 爲 金 剛

반야바라밀 이시명자 여당봉지 소이자하
般 若 波 羅 蜜 以 是 名 字 汝 當 奉 持 所 以 者 何

수보리 불설반야바라밀 즉비반야바라밀
須 菩 提 佛 說 般 若 波 羅 蜜 卽 非 般 若 波 羅 蜜

시명반야바라밀
是 名 般 若 波 羅 蜜

수보리 어의운하 여래 유소설법부 수보
須 菩 提 於 意 云 何 如 來 有 所 說 法 不 須 菩

리 백불언 세존 여래무소설
提 白 佛 言 世 尊 如 來 無 所 說

수보리 어의운하 삼천대천세계 소유미진
須 菩 提 於 意 云 何 三 千 大 千 世 界 所 有 微 塵

시위다부 수보리언 심다 세존 수보리 제
是 爲 多 不 須 菩 提 言 甚 多 世 尊 須 菩 提 諸

미진 여래설비미진 시명미진 여래설세계
微塵 如來說非微塵 是名微塵 如來說世界

비세계 시명세계
非世界 是名世界

수보리 어의운하 가이삼십이상 견여래부
須菩提 於意云何 可以三十二相 見如來不

불야 세존 불가이삼십이상 득견여래 하
不也 世尊 不可以三十二相 得見如來 何

이고 여래설 삼십이상 즉시비상 시명삼
以故 如來說 三十二相 卽是非相 是名三

십이상
十二相

수보리 약유선남자 선여인 이항하사등신
須菩提 若有善男子 善女人 以恒河沙等身

명 보시 약부유인 어차경중 내지수지 사
命 布施 若復有人 於此經中 乃至受持 四

구게등 위타인설 기복심다
句偈等 爲他人說 其福甚多

이상적멸분 제십사
離相寂滅分 第十四

이시 수보리 문설시경 심해의취 체루비
爾時 須菩提 聞說是經 深解義趣 涕淚悲

읍 이백불언 희유세존 불설여시 심심경
泣 而白佛言 希有世尊 佛說如是 甚深經

전 아종석래 소득혜안 미증득문 여시지
典 我從昔來 所得慧眼 未曾得聞 如是之

경 세존 약부유인 득문시경 신심청정 즉
經 世尊 若復有人 得聞是經 信心淸淨 卽

생실상 당지시인 성취제일 희유공덕
生實相 當知是人 成就第一 希有功德

세존 시실상자 즉시비상 시고 여래설명
世尊 是實相者 卽是非相 是故 如來說名

실상
實相

세존 아금득문 여시경전 신해수지 부족
世尊 我今得聞 如是經典 信解受持 不足

위난 약당래세 후오백세 기유중생 득문
爲難 若當來世 後五百歲 其有衆生 得聞

시경 신해수지 시인 즉위제일희유 하이
是 經 信 解 受 持 是 人 卽 爲 第 一 希 有 何 以

고 차인 무아상 무인상 무중생상 무수자
故 此 人 無 我 相 無 人 相 無 衆 生 相 無 壽 者

상 소이자하 아상 즉시비상 인상 중생상
相 所 以 者 何 我 相 卽 是 非 相 人 相 衆 生 相

수자상 즉시비상 하이고 이일체제상 즉
壽 者 相 卽 是 非 相 何 以 故 離 一 切 諸 相 卽

명제불
名 諸 佛

불고수보리 여시여시 약부유인 득문시경
佛 告 須 菩 提 如 是 如 是 若 復 有 人 得 聞 是 經

불경 불포 불외 당지시인 심위희유 하이
不 驚 不 怖 不 畏 當 知 是 人 甚 爲 希 有 何 以

고 수보리 여래설 제일바라밀 즉비제일
故 須 菩 提 如 來 說 第 一 波 羅 蜜 卽 非 第 一

바라밀 시명제일바라밀
波 羅 蜜 是 名 第 一 波 羅 蜜

수보리 인욕바라밀 여래설비인욕바라밀
須 菩 提 忍 辱 波 羅 蜜 如 來 說 非 忍 辱 波 羅 蜜

시명인욕바라밀 하이고 수보리 여아석위
是 名 忍 辱 波 羅 蜜 何 以 故 須 菩 提 如 我 昔 爲

가리왕 할절신체 아어이시 무아상 무인
歌利王 割截身體 我於爾時 無我相 無人

상 무중생상 무수자상 하이고 아어왕석
相 無衆生相 無壽者相 何以故 我於往昔

절절지해시 약유아상 인상 중생상 수자
節節支解時 若有我相 人相 衆生相 壽者

상 응생진한 수보리 우념과거 어오백세
相 應生嗔恨 須菩提 又念過去 於五百世

작인욕선인 어이소세 무아상 무인상 무
作忍辱仙人 於爾所世 無我相 無人相 無

중생상 무수자상 시고 수보리 보살응리
衆生相 無壽者相 是故 須菩提 菩薩應離

일체상 발아뇩다라삼먁삼보리심 불응주
一切相 發阿耨多羅三藐三菩提心 不應住

색 생심 불응주성향미촉법 생심 응생무
色 生心 不應住聲香味觸法 生心 應生無

소주심 약심유주 즉위비주 시고 불설 보
所住心 若心有住 即爲非住 是故 佛說 菩

살심 불응주색보시
薩心 不應住色布施

수보리 보살 위이익 일체중생 응여시보
須菩提 菩薩 爲利益 一切衆生 應如是布

시 여래설 일체제상 즉시비상 우설 일체
施 如來說 一切諸相 卽是非相 又說 一切

중생 즉비중생 수보리 여래 시진어자 실
衆生 卽非衆生 須菩提 如來 是眞語者 實

어자 여어자 불광어자 불이어자
語者 如語者 不誑語者 不異語者

수보리 여래소득법 차법 무실무허 수보
須菩提 如來所得法 此法 無實無虛 須菩

리 약보살 심주어법 이행보시 여인입암
提 若菩薩 心住於法 而行布施 如人入闇

즉무소견 약보살 심부주법 이행보시 여
卽無所見 若菩薩 心不住法 而行布施 如

인유목 일광명조 견종종색 수보리 당래
人有目 日光明照 見種種色 須菩提 當來

지세 약유선남자 선여인 능어차경 수지
之世 若有善男子 善女人 能於此經 受持

독송 즉위여래 이불지혜 실지시인 실견
讀誦 卽爲如來 以佛智慧 悉知是人 悉見

시인 개득성취 무량무변공덕
是人 皆得成就 無量無邊功德

지경공덕분 제십오
持經功德分 第十五

수보리 약유선남자 선여인 초일분 이항
須菩提 若有善男子 善女人 初日分 以恒

하사등신 보시 중일분 부이항하사등신
河沙等身 布施 中日分 復以恒河沙等身

보시 후일분 역이항하사등신 보시 여시
布施 後日分 亦以恒河沙等身 布施 如是

무량백천만억겁 이신보시 약부유인 문차
無量百千萬億劫 以身布施 若復有人 聞此

경전 신심불역 기복승피 하황서사 수지
經典 信心不逆 其福勝彼 何況書寫 受持

독송 위인해설
讀誦 爲人解說

수보리 이요언지 시경 유불가사의 불가
須菩提 以要言之 是經 有不可思議 不可

칭량 무변공덕 여래위발대승자설 위발최
稱量 無邊功德 如來爲發大乘者說 爲發最

상승자설
上乘者說

약유인 능수지독송 광위인설 여래 실지
若有人 能受持讀誦 廣爲人說 如來 悉知

시인 실견시인 개득성취 불가량 불가칭
是人 悉見是人 皆得成就 不可量 不可稱

무유변 불가사의공덕 여시인등 즉위하담
無有邊 不可思議功德 如是人等 卽爲荷擔

여래 아뇩다라삼먁삼보리
如來 阿耨多羅三藐三菩提

하이고 수보리 약요소법자 착아견 인견
何以故 須菩提 若樂小法者 着我見 人見

중생견 수자견 즉어차경 불능청수 독송
衆生見 壽者見 卽於此經 不能聽受 讀誦

위인해설
爲人解說

수보리 재재처처 약유차경 일체세간 천
須菩提 在在處處 若有此經 一切世間 天

인 아수라 소응공양 당지차처 즉위시탑
人 阿脩羅 所應供養 當知此處 卽爲是塔

개응공경 작례위요 이제화향 이산기처
皆應恭敬 作禮圍繞 以諸華香 而散其處

능정업장분 제십육
能 淨 業 障 分 第 一 六

부차 수보리 선남자 선여인 수지독송차
復次 須菩提 善男子 善女人 受持讀誦此

경 약위인경천 시인 선세죄업 응타악도
經 若爲人輕賤 是人 先世罪業 應墮惡道

이금세인 경천고 선세죄업 즉위소멸 당
以今世人 輕賤故 先世罪業 卽爲消滅 當

득아뇩다라삼먁삼보리
得阿耨多羅三藐三菩提

수보리 아념 과거무량 아승기겁 어 연등
須菩提 我念 過去無量 阿僧祇劫 於 燃燈

불전 득치 팔백사천만억 나유타제불 실
佛前 得値 八百四千萬億 那由他諸佛 悉

개공양승사 무공과자 약부유인 어후말세
皆供養承事 無空過者 若復有人 於後末世

능수지독송차경 소득공덕 어아소공양 제
能受持讀誦此經 所得功德 於我所供養 諸

불공덕 백분불급일 천만억분 내지 산수
佛功德 百分不及一 千萬億分 乃至 算數

비유 소불능급
譬喩 所不能及

수보리 약선남자 선여인 어후말세 유수
須菩提 若善男子 善女人 於後末世 有受

지 독송차경 소득공덕 아약구설자 혹유
持 讀誦此經 所得功德 我若具說者 或有

인문 심즉광란 호의불신
人聞 心卽狂亂 狐疑不信

수보리 당지 시경 의 불가사의 과보 역불
須菩提 當知 是經 義 不可思議 果報 亦不

가사의
可思議

구경무아분 제십칠
究 竟 無 我 分 第 十 七

이시 수보리 백불언 세존 선남자 선여인
爾 時 須 菩 提 白 佛 言 世 尊 善 男 子 善 女 人

발아뇩다라삼먁삼보리심 운하응주 운하
發 阿 耨 多 羅 三 藐 三 菩 提 心 云 何 應 住 云 何

항복기심
降 伏 其 心

불고수보리 약선남자 선여인 발아뇩다라
佛 告 須 菩 提 若 善 男 子 善 女 人 發 阿 耨 多 羅

삼먁삼보리심자 당생여시심 아응멸도 일
三 藐 三 菩 提 心 者 當 生 如 是 心 我 應 滅 度 一

체중생 멸도 일체중생이 이무유일중생
切 衆 生 滅 度 一 切 衆 生 已 而 無 有 一 衆 生

실멸도자
實 滅 度 者

하이고 수보리 약보살 유아상 인상 중생
何 以 故 須 菩 提 若 菩 薩 有 我 相 人 相 衆 生

상 수자상 즉비보살 소이자하 수보리 실
相 壽 者 相 卽 非 菩 薩 所 以 者 何 須 菩 提 實

무유법 발아뇩다라삼먁삼보리심자
無有法 發阿耨多羅三藐三菩提心者

수보리 어의운하 여래 어연등불소 유법
須菩提 於意云何 如來 於燃燈佛所 有法

득 아뇩다라삼먁삼보리부 불야 세존 여
得 阿耨多羅三藐三菩提不 不也 世尊 如

아해불소설의 불어연등불소 무유법 득아
我解佛所說義 佛於燃燈佛所 無有法 得阿

뇩다라삼먁삼보리
耨多羅三藐三菩提

불언 여시여시 수보리 실무유법 여래득
佛言 如是如是 須菩提 實無有法 如來得

아뇩다라삼먁삼보리
阿耨多羅三藐三菩提

수보리 약유법 여래득 아뇩다라삼먁삼보
須菩提 若有法 如來得 阿耨多羅三藐三菩

리자 연등불 즉불 여아수기 여어내세 당
提者 燃燈佛 卽不 與我授記 汝於來世 當

득작불 호석가모니 이실무유법 득아뇩다
得作佛 號釋迦牟尼 以實無有法 得阿耨多

라삼먁삼보리 시고 연등불 여아수기 작
羅三藐三菩提 是故 燃燈佛 與我授記 作

시언 여어내세 당득작불 호석가모니
是言 汝於來世 當得作佛 號釋迦牟尼

하이고 여래자 즉제법여의 약유인 언여
何以故 如來者 卽諸法如義 若有人 言如

래득아뇩다라삼먁삼보리 수보리 실무유
來得阿耨多羅三藐三菩提 須菩提 實無有

법 불득아뇩다라삼먁삼보리
法 佛得阿耨多羅三藐三菩提

수보리 여래소득 아뇩다라삼먁삼보리 어
須菩提 如來所得 阿耨多羅三藐三菩提 於

시중 무실무허 시고 여래설 일체법 개시
是中 無實無虛 是故 如來說 一切法 皆是

불법 수보리 소언 일체법자 즉비일체법
佛法 須菩提 所言 一切法者 卽非一切法

시고 명일체법 수보리 비여인신장대 수
是故 名一切法 須菩提 譬如人身長大 須

보리언 세존 여래설 인신장대 즉위비대
菩提言 世尊 如來說 人身長大 卽爲非大

신 시명대신
身 是名大身

수보리 보살 역여시 약작시언 아당멸도
須菩提 菩薩 亦如是 若作是言 我當滅度

무량중생 즉불명보살 하이고 수보리 실
無量衆生 卽不名菩薩 何以故 須菩提 實

무유법 명위보살 시고 불설 일체법 무아
無有法 名爲菩薩 是故 佛說 一切法 無我

무인 무중생 무수자
無人 無衆生 無壽者

수보리 약보살 작시언 아당장엄불토 시
須菩提 若菩薩 作是言 我當莊嚴佛土 是

불명보살 하이고 여래설 장엄불토자 즉
不名菩薩 何以故 如來說 莊嚴佛土者 卽

비장엄 시명장엄
非莊嚴 是名莊嚴

수보리 약보살 통달무아법자 여래설 명
須菩提 若菩薩 通達無我法者 如來說 名

진시보살
眞是菩薩

일체동관분 제십팔
一 體 同 觀 分 第 十 八

수보리 어의운하 여래유육안부 여시 세
須菩提 於意云何 如來有肉眼不 如是 世

존 여래유육안 수보리 어의운하 여래유
尊 如來有肉眼 須菩提 於意云何 如來有

천안부 여시 세존 여래유천안 수보리 어
天眼不 如是 世尊 如來有天眼 須菩提 於

의운하 여래유혜안부 여시 세존 여래유
意云何 如來有慧眼不 如是 世尊 如來有

혜안 수보리 어의운하 여래유법안부 여
慧眼 須菩提 於意云何 如來有法眼不 如

시 세존 여래유법안 수보리 어의운하 여
是 世尊 如來有法眼 須菩提 於意云何 如

래유불안부 여시 세존 여래유불안
來有佛眼不 如是 世尊 如來有佛眼

수보리 어의운하 여항하 중소유사 불설
須菩提 於意云何 如恒河 中所有沙 佛說

시사부 여시 세존 여래설시사 수보리 어
是沙不 如是 世尊 如來說是沙 須菩提 於

의운하 여일항하중 소유사 유여시사등
意云何 如一恒河中 所有沙 有如是沙等

항하 시제항하 소유사수 불세계 여시 영
恒河 是諸恒河 所有沙數 佛世界 如是 寧

위다부 심다 세존
爲多不 甚多 世尊

불고수보리 이소국토중 소유중생 약간종
佛告須菩提 爾所國土中 所有衆生 若干種

심 여래실지 하이고 여래설 제심 개위비
心 如來悉知 何以故 如來說 諸心] 皆爲非

심 시명위심
心 是名爲心

소이자하 수보리 과거심 불가득 현재심
所以者何 須菩提 過去心 不可得 現在心

불가득 미래심 불가득
不可得 未來心 不可得

법계통화분 제십구
法界通化分 第十九

수보리 어의운하 약유인 만삼천대천세계
須菩提 於意云何 若有人 滿三千大千世界

칠보 이용보시 시인 이시인연 득복다부
七寶 以用布施 是人 以是因緣 得福多不

여시 세존 차인 이시인연 득복심다
如是 世尊 此人 以是因緣 得福甚多

수보리 약복덕 유실 여래불설 득복덕다
須菩提 若福德 有實 如來佛說 得福德多

이복덕무고 여래설 득복덕다
以福德無故 如來說 得福德多

이색이상분 제이십
離色離相分 第二十

수보리 어의운하 불 가이 구족색신 견부
須菩提 於意云何 佛 可以 具足色身 見不

불야 세존 여래 불응이 구족색신 견 하이
不也 世尊 如來 不應以 具足色身 見 何以

고 여래설 구족색신 즉비 구족색신 시명
故 如來說 具足色身 卽非 具足色身 是名

구족색신
具足色身

수보리 어의운하 여래 가이 구족제상 견
須菩提 於意云何 如來 可以 具足諸相 見

부 불야 세존 여래 불응이 구족제상 견
不 不也 世尊 如來 不應以 具足諸相 見

하이고 여래설 제상구족 즉비구족 시명
何以故 如來說 諸相具足 卽非具足 是名

제상구족
諸相具足

비설소설분 제이십일
非 說 所 說 分 第 二 十 一

수보리 여물위 여래작시념 아당 유소설
須 菩 提 汝 勿 謂 如 來 作 是 念 我 當 有 所 說

법 막작시념 하이고 약인언 여래유 소설
法 莫 作 是 念 何 以 故 若 人 言 如 來 有 所 說

법 즉위방불 불능해아소설고 수보리 설
法 即 爲 謗 佛 不 能 解 我 所 說 故 須 菩 提 說

법자 무법가설 시명설법
法 者 無 法 可 說 是 名 說 法

이시 혜명 수보리 백불언 세존 파유중생
爾 時 慧 命 須 菩 提 白 佛 言 世 尊 頗 有 衆 生

어미래세 문설시법 생신심부
於 未 來 世 聞 說 是 法 生 信 心 不

불언 수보리 피비중생 비불중생 하이고
佛 言 須 菩 提 彼 非 衆 生 非 不 衆 生 何 以 故

수보리 중생중생자 여래설비중생 시명중
須 菩 提 衆 生 衆 生 者 如 來 說 非 衆 生 是 名 衆

생
生

무법가득분 제이십이
無法可得分 第二十二

수보리 백불언 세존 불 득아뇩다라삼먁
須菩提 白佛言 世尊 佛 得阿耨多羅三藐

삼보리 위무소득야
三菩提 爲無所得耶

불언 여시여시 수보리 아어 아뇩다라삼
佛言 如是如是 須菩提 我於 阿耨多羅三

먁삼보리 내지 무유소법가득 시명 아뇩
藐三菩提 乃至 無有少法可得 是名 阿耨

다라삼먁삼보리
多羅三藐三菩提

정심행선분 제이십삼
淨心行善分 第二十三

부차 수보리 시법 평등 무유고하 시명 아
復次 須菩提 是法 平等 無有高下 是名 阿

녹다라삼먁삼보리 이무아 무인 무중생
耨多羅三藐三菩提 以無我 無人 無衆生

무수자 수일체선법 즉득 아뇩다라삼먁삼
無壽者 修一切善法 卽得 阿耨多羅三藐三

보리 수보리 소언선법자 여래설 즉비선
菩提 須菩提 所言善法者 如來說 卽非善

법 시명선법
法 是名善法

복지무비분 제이십사
福智無比分 第二十四

수보리 약삼천대천세계중 소유제 수미산
須菩提 若三千大千世界中 所有諸 須彌山

왕 여시등칠보취 유인 지용보시 약인 이
王 如是等七寶聚 有人 持用布施 若人 以

차 반야바라밀경 내지 사구게등 수지독
此 般若波羅蜜經 乃至 四句偈等 受持讀

송 위타인설 어전복덕 백분 불급일 백천
誦 爲他人說 於前福德 百分 不及一 百千

만억분 내지 산수비유 소불능급
萬 億 分 乃至 算數譬喻 所不能及

화무소화분 제이십오
化 無 所 化 分 第 二 十 五

수보리 어의운하 여등 물위여래작시념
須菩提 於意云何 汝等 勿謂如來作是念

아당도중생 수보리 막작시념 하이고 실
我當度衆生 須菩提 莫作是念 何以故 實

무유중생 여래도자 약유중생 여래도자
無有衆生 如來度者 若有衆生 如來度者

여래즉유아 인 중생 수자
如來卽有我 人 衆生 壽者

수보리 여래설 유아자 즉비유아 이범부
須菩提 如來說 有我者 卽非有我 而凡夫

지인 이위유아 수보리 범부자 여래설즉
之人 以爲有我 須菩提 凡夫者 如來說卽

비범부 시명범부
非凡夫 是名凡夫

법신비상분 제이십육
法身非相分 第二十六

수보리 어의운하 가이 삼십이상 관여래
須菩提 於意云何 可以 三十二相 觀如來

부 수보리언 여시여시 이삼십이상 관여
不 須菩提言 如是如是 以三十二相 觀如

래 불언 수보리 약이 삼십이상 관여래자
來 佛言 須菩提 若以 三十二相 觀如來者

전륜성왕 즉시여래 수보리 백불언 세존
轉輪聖王 卽時如來 須菩提 白佛言 世尊

여아해불소설의 불응이 삼십이상 관여래
如我解佛所說義 不應以 三十二相 觀如來

이시 세존 이설게언
爾時 世尊 而說偈言

약이색견아 이음성구아
若以色見我 以音聲求我

시인행사도 불능견여래
是人行邪道 不能見如來

무단무멸분 제이십칠
無斷無滅分 第二十七

수보리 여약작시념 여래 불이구족상고
須菩提 汝若作是念 如來 不以具足相故

득아뇩다라삼먁삼보리 수보리 막작시념
得阿耨多羅三藐三菩提 須菩提 莫作是念

여래 불이구족상고 득아뇩다라삼먁삼보
如來 不以具足相故 得阿耨多羅三藐三菩

리 수보리 여약작시념 발아뇩다라삼먁
提 須菩提 汝若作是念 發阿耨多羅三藐

삼보리심자 설제법단멸 막작시념 하이고
三菩提心者 說諸法斷滅 莫作是念 何以故

발아뇩다라삼먁삼보리심자 어법 불설단
發阿耨多羅三藐三菩提心者 於法 不說斷

멸상
滅相

불수불탐분 제이십팔
不受不貪分 第二十八

수보리 약보살 이만항하사등 세계칠보
須菩提 若菩薩 以滿恒河沙等 世界七寶

지용보시 약부유인 지일체법무아 득성어
持用布施 若復有人 知一切法無我 得成於

인 차보살 승전보살 소득공덕 하이고 수
忍 此菩薩 勝前菩薩 所得功德 何以故 須

보리 이제보살 불수복덕고
菩提 以諸菩薩 不受福德故

수보리 백불언 세존 운하보살 불수복덕
須菩提 白佛言 世尊 云何菩薩 不受福德

수보리 보살 소작복덕 불응탐착 시고 설
須菩提 菩薩 所作福德 不應貪着 是故 說

불수복덕
不受福德

위의적정분 제이십구
威 儀 寂 靜 分 第 二 十 九

수보리 약유인 언 여래 약래약거 약좌약
須菩提 若有人 言 如來 若來若去 若坐若

와 시인 불해아 소설의 하이고 여래자 무
臥 是人 不解我 所說義 何以故 如來者 無

소종래 역무소거 고명여래
所從來 亦無所去 故名如來

일합이상분 제삼십
一 合 理 相 分 第 三 十

수보리 약선남자 선여인 이삼천대천세계
須 菩 提 若 善 男 子 善 女 人 以 三 千 大 千 世 界

쇄위미진 어의운하 시미진중 영위다부
碎 爲 微 塵 於 意 云 何 是 微 塵 衆 寧 爲 多 不

수보리언 심다 세존
須 菩 提 言 甚 多 世 尊

하이고 약시미진중 실유자 불즉불설 시미
何 以 故 若 是 微 塵 衆 實 有 者 佛 卽 不 說 是 微

진중 소이자하 불설미진중 즉비미진중 시
塵 衆 所 以 者 何 佛 說 微 塵 衆 卽 非 微 塵 衆 是

명미진중
名 微 塵 衆

세존 여래소설 삼천대천세계 즉비세계 시
世 尊 如 來 所 說 三 千 大 千 世 界 卽 非 世 界 是

명세계 하이고 약세계 실유자 즉시일합상
名 世 界 何 以 故 若 世 界 實 有 者 卽 是 一 合 相

여래설 일합상 즉비일합상 시명일합상
如 來 說 一 合 相 卽 非 一 合 相 是 名 一 合 相

수보리 일합상자 즉시불가설 단범부지인
須 菩 提 一 合 相 者 卽 是 不 可 說 但 凡 夫 之 人

탐착기사
貪 着 其 事

지견불생분 제삼십일
知見不生分 第三十一

수보리 약인 언 불설아견 인견 중생견 수
須菩提 若人 言 佛說我見 人見 衆生見 壽

자견 수보리 어의운하 시인 해아소설의
者見 須菩提 於意云何 是人 解我所說義

부 불야
不 不也

세존 시인 불해여래소설의 하이고 세존
世尊 是人 不解如來所說義 何以故 世尊

설 아견 인견 중생견 수자견 즉비아견 인
說 我見 人見 衆生見 壽者見 卽非我見 人

견 중생견 수자견 시명아견 인견 중생견
見 衆生見 壽者見 是名我見 人見 衆生見

수자견
壽者見

수보리 발아뇩다라삼먁삼보리심자 어일
須菩提 發阿耨多羅三藐三菩提心者 於一

체법 응여시지 여시견 여시신해 불생법
切法 應如是知 如是見 如是信解 不生法

상 수보리 소언법상자 여래설 즉비법상
相　須菩提　所言法相者　如來說　卽非法相

시명법상
是　名　法　相

응화비진분 제삼십이
應化非眞分 第三十二

수보리 약유인 이만무량 아승기 세계 칠
須菩提 若有人 以滿無量 阿僧祇 世界 七

보 지용보시 약유 선남자 선여인 발보살
寶 持用布施 若有 善男子 善女人 發菩薩

심자 지어차경 내지 사구게등 수지독송
心者 持於此經 乃至 四句偈等 受持讀誦

위인연설 기복승피 운하위인연설 불취어
爲人演說 其福勝彼 云何爲人演說 不取於

상 여여부동 하이고
相 如如不動 何以故

일체유위법 여몽환포영
一切有爲法 如夢幻泡影

여로역여전 응작여시관
如露亦如電 應作如是觀

불설시경이 장로수보리 급제비구 비구니
佛 說 是 經 已 長 老 須 菩 提 及 諸 比 丘 比 丘 尼

우바새 우바이 일체세간 천 인 아수라 문
優 婆 塞 優 婆 夷 一 切 世 間 天 人 阿 修 羅 聞

불소설 개대환희 신수봉행
佛 所 說 皆 大 歡 喜 信 受 奉 行

금강반야바라밀경 끝.
金 剛 般 若 波 羅 蜜 經 終

우리말 금강경
금강반야바라밀경金剛般若波羅密經

초판 1쇄 발행 2024년 5월 15일

해설 | 천명일
펴낸이 | 이의성

펴낸곳 | 지혜의나무
등록번호 | 제1-2492호
주소 | 서울시 종로구 인사동 7길 33(관훈동) 남도빌딩 3층
전화 | (02)730-2211 팩스 | (02)730-2210

ⓒ천명일

ISBN 979-11-85062-48-8 (03220)

* 잘못된 책은 바꾸어 드립니다.